DAXUESHENG
CHENGXINYUGERENCHENGZHANG

大学生
诚信与个人成长

孙洪波 / 著

黑龙江教育出版社
Heilongjiang Education Press

图书在版编目（CIP）数据

大学生诚信与个人成长 / 孙洪波著. -- 哈尔滨：黑龙江教育出版社，2018.7（2021.1重印）
ISBN 978-7-5709-0321-4

Ⅰ. ①大… Ⅱ. ①孙… Ⅲ. ①大学生－社会公德教育－研究 Ⅳ. ①G641.7

中国版本图书馆CIP数据核字(2018)第159874号

大学生诚信与个人成长
Daxuesheng Chengxin Yu Geren Chengzhang

孙洪波　著

责任编辑	徐永进
封面设计	千奕先生
责任校对	程　佳
出版发行	黑龙江教育出版社
	（哈尔滨市道里区群力第六大道1305号）
印　刷	北京一鑫印务有限责任公司
开　本	880毫米×1230毫米　1/32
印　张	5.25
字　数	120千
版　次	2018年12月第1版
印　次	2021年1月第2次印刷
书　号	ISBN 978-7-5709-0321-4　　定　价　30.00元

黑龙江教育出版社网址：www.hljep.com.cn
如需订购图书，请与我社发行中心联系。联系电话:0451-82533097　82534665
如有印装质量问题，影响阅读，请与我公司联系调换。联系电话:0451-82569074
如发现盗版图书，请向我社举报。举报电话:0451-82533087

前言　生命中的追问

前言　生命中的追问

"大学之大,不在大楼,"也不在大师,而在大学生。梁启超在《少年中国说》中把新生力量喻为"犹如红日初升,其道大光;河出伏流,一泻汪洋……前途似海,来日方长。今日之责任,不在他人,而全在我少年。少年智则国智,少年富则国富;少年强则国强,少年独立则国独立;少年自由则国自由,少年进步则国进步。"大学生应有成为国家栋梁的使命感。首先懂得尊重生命,体悟生命的可贵可爱,由珍惜生命转向追求生命意义,找到与自己的兴趣、气质、性格、能力相匹配的事业,全身心投入地工作,提升生命质量,创造生命价值,这就是理想的人生状态。如何达到?

对于自然和社会,每个人肩负必然的责任和使命,要把自己该做的事做好,不能一蹴而就,需要吃苦、磨炼和付出。"当自端心,当自端身。身心净洁,与善相应。动作瞻视,安定徐为。做事仓促,败悔在后。""天将降大任于斯人也,必先苦其心志,劳其筋骨,饿其体肤,空乏其身,行拂乱其所为"说的就是这样的道理。对于此,有人生而知之,于是遇到任何问题,都能够欣然为之而感到快乐;而更多人则缺乏这种意识,"见利而为,受困而为",于是做不好事或即使达到目的依然内心纠结不快乐。也就是说,新时代的大学生要有使命感,所以"动心忍性,曾益其所不能",在生活里要积蓄涵养实实在在做人,方能立足社会。在工作中要顺依禀赋踏踏实实做事,方能服务社会。

当一个人拥有使命时,是相当幸福的,尽管实现使命的历程很痛苦,最终能够到达时,苦尽甘来,内心就会感到无比甜蜜,甘之如饴。

目 录

第一章 大学生诚信与人生格局 ……………… （1）
  一、缘起 …………………………………… （1）
  二、诚信促成自我的心灵对话 …………… （3）
  三、智慧地选择生活方式 ………………… （12）
  四、大学生活与人生格局 ………………… （17）

第二章 认知自我与个人成长 ………………… （25）
  一、缘起 …………………………………… （25）
  二、价值观的导向作用 …………………… （27）
  三、心态决定一切 ………………………… （33）
  四、认识孤独 ……………………………… （37）
  五、聆听自己内心的声音 ………………… （42）

第三章 梦想目标与个人成长 ………………… （53）
  一、缘起 …………………………………… （53）
  二、探寻生命的意义与价值 ……………… （54）
  三、道德修养是永恒的个人成长 ………… （58）

四、大学阶段明确人生方向 …………………（71）

第四章 大学生家国情怀与个人成长 …………（87）

一、缘起 ……………………………………（87）

二、爱自己是成长的源泉 …………………（88）

三、诚信是个人成长的土壤 ………………（95）

四、孝行天下 ………………………………（109）

第五章 大学生的事业情怀与个人成长 ………（122）

一、缘起 ……………………………………（122）

二、大学生的事业情怀 ……………………（123）

三、力行近乎于仁 …………………………（129）

四、知耻近乎于勇 …………………………（136）

结束语 一切源于爱 ……………………………（155）

参考文献 …………………………………………（157）

后记 ………………………………………………（161）

第一章 大学生诚信与人生格局

一、缘起

《孟子·尽心上》篇云:"存其心,养其性,所以事天也。夭寿不贰,修身以俟之,所以立命也。"①《中庸》云:"或生而知之,或学而知之,或困而知之,及其知之,一也。或安而行之,或利而行之,或勉强而行之,及其成功,一也。"②

《中庸》云:"唯天下至诚,为能尽其性;能尽其性,则能尽人之性;能尽人之性,则能尽物之性;能尽物之性,则可以赞天地之化育;可以赞天地之化育,则可以与天地参矣。"③

自诚明:自,从、由;诚明,至诚之心和完美的德性。由

---

① 万丽华,蓝旭译注.孟子[M].北京:中华书局,2010:289.
② 王国轩译注.大学·中庸[M].北京:中华书局,2006:96.
③ 王国轩译注.大学·中庸[M].北京:中华书局,2006:106.

真诚而自然明白了天理,叫做天性;明理后做到真诚,叫做教化。内心真诚就会自然明理,明理之后也会做到真诚。

一个人如果天生真诚,从而由真诚达到明白道理,做事情时就会"不思而得,从容中道"。由于天性的真诚自然而然地了解了社会人生的常道,这就是"性"。这种人就是"自诚明"的人,他们可以说是天生具有"诚"的慧根的人。因而为人处世时持中、稳健、理性、包容。这样的禀性使他们看待事物时不会偏颇,总能看到事物的本质。

可是大多数人都需要通过后天的学习、体会,才能认识到"真诚"二字是自然界的法则。认识到真诚的自然天性,从而明白人情事理,领悟到人生需要真诚,万事需要诚意,然后再反过来看一看自己的处世态度与行为方式,最终才能做到笃行。

真诚既是天道运行的法则,又是人道运行的法则。无论是天性还是后天人为的教育,做到了真诚,我们才能真正得道。只有天下最真诚的人,才能充分发挥他的天性;能充分发挥他的天性,就能充分发挥众人的天性;能充分发挥众人的天性,就能充分发挥万物的天性;能充分发挥万物的天性,就可以帮助天地化育万物,成为"天、地、人三参"。

圣贤以下的普通人也能致力于善的某一方面。致力于善的某一方面也能达到真诚,达到真诚就会表现出来,显现后就会发扬光大,发扬光大就会感动他人,感动他人就会使人转变,使人转变就能化育万物,只有天下最真诚的人才能化育万物。

所以,至诚是没有止息的。没有止息就会长久保持,长久保持就会显露出来,显露出来就会悠久长远,悠久长远就会广博深厚,广博深厚就会高大光明。广博深厚就能负载万物,高大光明就能覆盖万物,悠远长久就能成就万物。广博深厚可以与地相配,高大光明可以与天相配,悠远长久则可以无边无际。达到这种境界,不刻意表现也会彰明,不用行动也会自然变化,无所作为也会有所成就。

二、诚信促成自我的心灵对话

不管愿不愿意,我们都在一点点地成长,从不停滞,无法回头。大学是大学生从自然人向社会人角色转换的平台。想成为一个怎样的人,想过怎样的生活,这是多数人成长之初就描画过的设计,更是我们每个人不断更新的生命追问。

王国维在《人间词话》说:"古今之成大事业、大学问者,必经过三种之境界:'昨夜西风凋碧树。独上高楼,望尽天涯路。'此第一境也。'衣带渐宽终不悔,为伊消得人憔悴。'此第二境也。'众里寻他千百度,蓦然回首,那人却在,灯火阑珊处。'此第三境也。"这是古人的追求,大学生应以怎样的心态来憧憬自己的未来呢?

《孟子·尽心上》曰:"穷则独善其身,达则兼济天下。"[①]显达时能以天下为己任,困窘时仍能心怀天下而不放弃个人修养,这是君子对人生的规划。"把握生命的每一分钟,全力以赴我们心中的梦,不经历风雨,怎能见彩虹?没有人能随随便便成功……"大学生慷慨激昂胸怀抱负,有兼善天下的胸怀,更应当明确目标,把握现在规划未来,才能不负成功而无悔的一生。

一个人到底要怎么样才会成功?成功在字典上的意思:事情获得预期的结果。成功人生的内涵,可以从以下三个方面理解。

(一)内在的成功

当我们能觉察和关怀自己的内心,便有了自主权,而不是随境所迁。如剧中人笑,看剧的人跟着笑,就是心迷于境。有觉知的人不会沉迷于境,如看电视时能清楚地知道自己在看电视,同时亦觉察到从看电视所生起的情绪,若有需要,就可转台或关机,或以某种态度来分析剧情和

---

① 万丽华,蓝旭,译注.孟子[M].北京:中华书局,2010:292.

画面,不会被剧情所牵引。迷悟之间的分别,差之毫厘,谬之千里。面对世事亦如是,人们对境和心的觉察越高、越清晰,自主和转化的能力就越大。

第一种人追求富与贵,第二种人追求功与名,第三种人追求德行圆满。谁才是真正成功的拥有者?

有一个大富翁家产千万,却总是说:"穷啊!穷啊!"朋友问他:"你万贯家财,为什么还要哭穷呢?"他说:"不知道什么时候会有水灾或火灾,所谓'水火无情',财产会被水火荡尽啊!"朋友又问道:"哪有这么巧,这么多的水火?"富翁说:"贪官污吏也会抢夺我的财产啊!""哪有那么多贪官污吏?""不肖的子孙也会让我倾家荡产啊!"富翁接着又说,"还有盗贼土匪、通货膨胀、金融风暴、经济不景气等,都可能使我的财产一夕之间化为乌有。因为财产是五家所共有,我怎么能不穷呢?"

又有一个平凡的农夫,经常告诉别人,他是全国最有钱的富翁。税务局听到之后,想要扣他的税,问他是不是世上最富有的人。农夫认可后,税务人员就问他:"你有哪些财富?"农夫说:"我的身体健康,我有一位贤惠的妻子,还有孝顺的儿女。更重要的是,我每天愉快地工作,到了秋冬的时候,农产品都会有很好的收成。你说我怎么不是世上最富有的人呢?"税务人员听完之后,恍然大悟,恭敬地说:"你不愧是一个最懂得人生之道、最具有智慧的富者。"

人生当中,唯有满足、欢喜、平安、健康、智慧等,才是真正的财富,才能让我们的心灵感到踏实与充足。幸福的秘诀不是拥有的多,而是计较的少。如《道德经》中曰:"知足者富,强行者有志。不失其所者久,死而不亡者寿。""祸莫大于不知足,咎莫大于欲得。故知足之足,常足矣。"①

外部的成功是受外界的环境和因素制约而变化的,因而它的价值从来就是相对的。大多数人陶醉于外在的成功,把获得社会地位、金钱或权力作为衡量成功的标准,他们不懂对自己或对别人忠诚,为了达到目的可以不择手段,对外部成功的信赖使这些人背叛良知,最终沦为自己内心的囚徒。

智者热衷于内在的成功,因为这种成功不受制于任何外在的影响,这种成功在其内心是永恒的、完美的,它对己至真,待人以诚。

(二)好学近乎于智

知识到底有用还是无用?苏格拉底是古希腊的大哲

---

① 陈鼓应,注译. 老子今注今译[M]. 北京:商务印书馆,2003:454~459.

学家,一天,有位青年人来拜访他:"先生,我很崇拜学识渊博的您!我也想多掌握些学识,请问怎样我才能学到更多的知识呢?"苏格拉底说:"这没什么,只要你努力学习就是了。""可是我总是学不下去。""那是你还不知道知识的重要性。""那么怎样才能知道知识的重要性呢?""如果你真想知道知识的重要性,请跟我来!"苏格拉底把青年人带到海边和他一起下了水,走到很深地方时,苏格拉底一下子把他的头按到水里去了,一会儿他放开那年轻人问道:"你在水里感到最需要的是什么?""空气,最需要的是空气!"苏格拉底笑着说:"你说的很对,如果你明白了需要知识和在水中需要空气是同样重要,那你就可以坚持学习,得到知识了。"青年人有所悟,深深地向苏格拉底鞠躬致谢。从此,青年人如饥似渴地学习,日后终于学有所成。

犹太人特别重视金钱,但他们认为知识比财富重要。一次,很多大富翁乘一艘大船出海旅游,酒足饭饱之后他们各自吹嘘自己如何富有,一个比一个说得玄。一位读书人在一边听他们争论却默不出声。"年轻人,你有什么财富?快对大家说说!"一位富翁问他。"我比你们都富有,只是我无法拿给你们看……"读书人微笑着说,富翁们以为他不过是一个穷光蛋自吹而已。几天后,他们遇到了一伙海盗,富翁们随身携带的金银财宝被洗劫一空,富翁们

懊恼极了。大船往前驶抵一个港口后,实在没有资金再向前航行了。富翁们上岸后,困窘得只好靠给人打工填饱肚子;可读书人很快就被聘到学校去教书,生活自然比富翁们好多了。几年后,读书人有了一定的积蓄又娶了漂亮的妻子;而当年自吹自擂的几位富翁,却沦为了真正的穷光蛋,他们若有所悟地对年轻人说:"小伙子,你这才是真正的富有者,把知识藏在肚子里,什么时候用都有,也不会遭到海盗的劫持……"

春秋末年楚国人范蠡(前536—前448),曾辅佐越王勾践"卧薪尝胆"灭吴兴越,功成身退后与西施隐姓埋名、泛舟五湖,后北上经商,居陶,号朱公。致富后,乐于助人,威名远播,堪称"中华自古商之祖"。史学家司马迁称:"范蠡三迁皆有荣名""与时逐而不责于人",世人誉之:"忠以为国;智以保身;商以致富,成名天下。"真正的大商"货通天下,利射四海。字号立百世不朽,财富积万贯有余",但如此还是远远不够的,商之道应为明明德与天下平,一个人要想成为智者,汲取知识与德行修养都是很重要的。

(三)自强不息,厚德载物

人品重要吗?小成就靠机遇,大成就靠人品。每个人的处境总是忽高忽低,难以把握,但有一点是可以确定的,

第一章 大学生诚信与人生格局

就是自我奋斗。因此,自强不息,奋斗不止,反复锻炼自己是达到成功的基本要素,能让我们牢牢把握机遇,从人生的际遇中脱颖而出。

人生是个过程,在自强不息的精神里,我们不断的努力,不断的进步,从一个成功走向另一个成功。自强不息精神,就是进步、努力,把握现在,做好每一件当下的事。

一个真正符合"自强不息"的精神的人,绝对不会因为没有做到某些事情而产生痛苦。因为产生这种痛苦是伤害自己,它会让我们更没有力量去做事情,更无法以一颗平常心自强不息。这种痛苦,只会让我们为成功付出更多的成本,我们应该很努力、很认真地去做某些事情。

事情做得不好,是现在不好,需要在事上检讨是否用心,很清楚地知道我们什么地方没有做到,但绝不是"马上"实施立刻"达到",而是要以道法自然的态度去观察,不跟自己较劲勉强。而这种道法自然,才会使得我们越来越游刃有余,自如自然。所以倡导道法自然,是为了让我们更容易成功。更何况,学会自强不息,尊重自己生命的人,必定也尊重其他生命,不肯操纵别人,也是很高深的做人境界,自强不息,是天的法则。做到这一点的人,正是君子的品行,是高贵而坚忍的人生态度。

任何人和事,都是从起跑线出发、从零开始的。初出茅庐,确实意味着后面成长的艰苦历程。这就像婴儿出生,他肯定要哇哇大哭一样,今后的人生还很漫长。但正因为初创,所以才具备了一切可能。已经成熟的,会定型。如学会了某种方法,便会对这方法产生依赖。获得经验的,会远离激情。比如在一个行业久了,会厌倦。从这个角度来看,正因为刚刚开始,所以才充满生机,饱含希望。新到一家单位,新上一个学校,新认识一位朋友,都会有这种感受。更何况你正在开创一项事业,生机和艰难,希望和苦难总是相伴相随。没做过生意的人做起生意,首先得具备百折不挠的素质。这样,在今后事业出现这样那样的困难时,才不会退缩,也才会让自己强于对手,包含了艰苦奋斗和充满信念的内涵,这可以让一株刚刚萌芽的小苗,最后成长为一棵参天大树。《周易》曰:"天行健,君子以自强不息。"①人生贵在自强进取,要想成功,就得顺应天道、积极进取、自强不息。从创业起步的人,需要坚定的信念和锲而不舍的精神。事业初创的阶段,得有突破困境的决心和艰苦奋斗的意志。

人生的舒展和洒脱,不是靠刚劲有力来强取的。恰恰相反,这是需要像大地那样包容才行。厚德载物,要学习和效法大地,以宽厚来看待、包涵一切。我们知道,生活中

---

① 杨天才,译.周易[M].北京:中华书局 2014:2.

第一章 大学生诚信与人生格局

的一切,都是生命的恩赐。浑厚、宽容,就能做到开阔和远大,人生就有了方正、广博、顺利的格局。而且,他的随从柔顺绝不是因循苟且,而是积极成全。他还是一个知道进退的人,能够顺从而加以执行,使领导者的意图得以实现,他又是谦逊忍让的,在事情成功以后不居功自傲,能够功成身退。

宽厚的人,必然是一个含蓄、善于原谅的人。宽容,这是一种美德,可以以柔克刚,降低生活中的伤害。和气、厚道、宽容地对待生活中有缘的每一个人。帮助他人、成全他人,就是帮助自己、成全自己。人生最好的初衷,是与人与事,如蜂蝶与群花共舞,彼此地成全。

宽容,对任何人都不必怀有私人的仇恨之心。一个真正有价值的人,应当承受命运的磨难而不怨天尤人。因为,不管发生了什么事情,它们最终都会以某种方式,变得于人有益。生命的自觉,就是这样。任何时候,我们每一个人,既生活着,就都会渴求拥有一个圆满的人生,而圆满人生的重要构成,就是内心的自由和喜悦!当人在喜悦中,身心才会相对平衡,那么智慧的开发和培养、生命的丰富、心灵的自由才会成为可能。

《周易》曰:"地势坤,君子以厚德载物。"①君子应增厚

---

① 杨天才,译.周易[M].北京:中华书局 2014:12.

美德,容载万物,才能成为栋梁。人生柔顺宽容的品质,充满了爱心,因势利导有所作为,地厚重至顺承载万物,应当效法大地,以深厚的德行来包容生活中的一切。大地承载万物,但大地从不抱怨叫屈。我们从大地得到食物,得到滋养,然后把垃圾再塞给大地。快乐的人生是建立在宽容的基础之上。它要求我们不论远近,快乐着他人的快乐,痛苦着他人的痛苦,愿意让所有的人快乐安宁。于是常有喜悦、快慰、幸福和爱心,产生对所有人的真实关注和真正爱护,达到一种挚爱境界。这样做好准备,就会从心底里愿意与他人合作、真实地关爱他人,成为别人乐于交往的人,为开创事业组建团队积累人脉。一个这样的人,就可以具有包容别人的胸怀,宽容地笑对人生。

三、智慧地选择生活方式

人生就像一个舞台,每个人都在这个舞台上表演着属于自己的剧目。在如戏的人生里,为自己写好脚本的人与庸庸碌碌混日子的人,有着天壤之别。在步入职场之前,人人都对工作有着美丽的憧憬,往往怀着焦急和企盼等待着穿上笔挺干练的职业装。可是当我们站到了工作的门槛前才发现,准备起跑的自己与那个最想要的结果仿佛隔着几重门。想象中的成就、地位、荣誉距离我们那么遥远。

为了梦想中的舞台,我们遍尝了酸甜苦辣,经历了风吹雨打,我们知道自己不会幸运地一步登天。挫折中,我们收获了经验。职场人士进行职业规划,让人在职场中少走弯路,是成功的人生谋略。智慧地选择适合自己的生活方式。

(一)人生三个阶段的"三戒"

孔子说,人一辈子可以分成三个大的阶段:少年、壮年、老年。"少之时,血气未定,戒之在色。"① 人在少年的时候,很容易冲动,这个时候要注意不要在男女情感上出现问题。心主神明,用情过多会导致心意散乱,所谓"情生智断"。

"及其壮也,血气方刚,戒之在斗。"② 人到中年,家庭与职业稳定了,具有谋求更好更大的空间的时机,这就极易与他人产生矛盾和争斗,争斗的结果很可能是两败俱伤。最重要的就是告诫自己,跟别人争斗,不如跟自己斗,和光同尘,韬光养晦,静观其变,提高自己的素质和修养,结交心神交会的朋友,他会帮自己看开暂时的得失,超脱利益的纠缠,得到心灵的抚慰,拥有精神的栖息地,蓄势待发。

---

① 杨伯峻.论语译注[M].北京:中华书局,2006:246.
② 杨伯峻.论语译注[M].北京:中华书局,2006:246.

"及其老也,血气既衰,戒之在得"。① 人老了,心态就容易走向平和,像罗素所说,湍急的河流冲过山峦,终于到了大海的时候,表现出来的就是一种平缓和辽阔。当人拥有看穿名利的智慧,才能心甘情愿地放下所得,含容空有,从而获得真正的心灵自由,从心所欲不逾矩。

(二)欲望不是规划

和大家分享小黑的故事,希望对大学生认识"人生规划"的重要性有所启发。

小黑为自己制订了目标阶梯:

18岁,高中毕业典礼上:我发誓要当李嘉诚第二!我要当中国首富!

20岁,春节老同学团聚会上:我想创立自己的公司,30岁时拥有资产2000万。

23岁,在某工厂当技术员,第二职业是炒股:我正在为离开这家工厂而奋斗,因为在这里工作太没前途了。我将全力炒股,三年内用5万炒到300万元。

25岁,炒股失意而情场得意,开始准备结婚:我希望一年后能有10万元,让我风风光光地结婚。

26岁,不太风光的结婚典礼上:我想生一个胖小子,

---

① 杨伯峻.论语译注[M].北京:中华书局,2006:246.

不久的将来当个车间主任就行,别的不想了。

28岁,所在的工厂效益下滑,偏偏正是妻子怀胎十月的时候:我希望这次下岗名单里千万不要有我的名字。

从上面的小故事可以看出,小黑显然没有对自己的人生进行合理的规划,刚开始的时候当技术员,但他没有去细心研究技术,而是去炒股,想赚到300万,后来炒股失败忽而又想当车间主任,最后可能技术也不是很精通,担心下岗名单中不要有他的名字。他这样一个没有规划的人生,显然是很容易失败的。在街头漫步时,在喝茶放松时,在与朋友谈笑间,别人毫不留神的细枝末节,有时也会意外地给你实现梦想的提示。见闻同一件事,有人获得重要启示,有人糊涂错过。两者区别在哪里?就在于日常有无"问题意识"。看到苹果落地的人不可胜数,但从中发现万有引力的却只有牛顿,因为牛顿具备渗透进潜意识的强烈的"问题意识",成为所谓的"灵感"。

(三)主动改变

你准备好改变了吗?下决心改变并不是件简单的事情。也许你会感到迷茫:你是否需要改变?为了改变而付出的代价是否值得?如果思考得太多的话,会让自己崩溃。人们在改变时有顾虑、有恐惧是很正常的。事实上,它标志着你对改变的犹豫以及应对生活负起更多责任。

坦诚地审视自己的生活并试图改变它并不是容易的事。你周围的人可能不赞成,或是不喜欢你发生改变,他们会对你的努力设置障碍。你的社会文化背景可能让你很难改变你的社会角色和价值观。这种顾虑的增加是在自己做决定时产生的,而不是在别人为你做决定时产生的。

如果你希望寻找生活中改变的时机,那么什么时候才是改变的最佳时机呢?改变的进程应该开始于:在你没有掌握很多人格方面的知识,但却能够认识并接受真正的自我的时候,在尽管改变一个想法几乎是不可能的,但你仍有能力控制你的想法的时候,在你能选择你如何接受、干预和应对的时候。

如果你希望在生活中的某个时机改变的话,首先要接受你自己是谁,你自己是怎么样的。如果你处于自我否定的状况中,则很难改变。现在认识到你是谁,是你改变的起点。改变不是随随便便的自我批评,或是走向你现在生活的反方向。当你能够准确评价自我,而且能恰当地处理自己的问题时,才能改变。

一旦你可以识别并掌握了那些自身希望否定的东西,你就有了机会,同时有了改变的可能。在你改变的过程中要一点一点地推进,进程是最重要的,而不在乎是一步到位还是循序渐进,希望有不同之处就是一个新的开端。自我探究就是坦诚地面对自己和他人,反思自我,和你的选择达成一个协议,并付出努力。自己掌控自己的生活是需要付出代价的。自我认识得比较深刻的时候,会有一些不安,甚至是恐惧。当你想改变生活的时候,先问自己这样一个问题:这样做的代价是什么?这样的代价值得吗?改变是主动的过程,只有你能决定你要冒怎样的风险,只有你能决定改变多少最适合自己。

四、大学生活与人生格局

每一个人除了要用学校的资源去培养自己生存的各种能力,更要善用学校的资源去思索什么是爱情和人生的幸福,也努力培养攸关人生幸福的其他能力。

人生的幸福并不只靠收入或职场的成就获得,人生的幸福是持续的努力和多种不同能力共同作用的结果。人需要一点外在的肯定来建立自信,需要在职场上的成功来养活自己和家人,也需要有跟家人互动的能力来建立温暖的家,还需要有一些自得其乐的能力来欣赏大自然、文学与艺术,以便在精神上获得满足。此外,还要有人生哲学来协助自己解除没必要的痛苦和烦恼,并且看见自己的人生意义与价值。

(一)培养自由之思想

有些人误把升学过程和职场的胜利当做是人生的全部,从小就牺牲一切人格成长所需要的时间与心灵空间而埋首书堆,上了大学更急着要靠名校的头衔和亮丽的成绩单进入最热门的公司,在30岁以前赚下第一桶金,并且把这一堆叫做生涯规划与自我实现。结果,除了赚钱的能力之外其他一切的能力都失去了,甚至因为太骄傲而欠缺与人沟通的能力,结果反而在职场上得罪一大堆人而终于抑郁不得志,那就更加不值得了。

其实,职场与人生都需要多元的能力,念大学不可以被科系的藩篱所限,也不要以为自己成绩不好就一定没有前途。不要给自己设限,永远不放弃寻找自己可以发挥的机会。此外,大学也提供我们许多种课堂以外的学习机会,通过社团以及跟不同科系学生的互动,乃至于暑假打工、实习的机会,去探索各种属于自己的可能性。

那些可以让人醍醐灌顶的大师不见得都在你自己的系里,不管他们是在哪一个系、哪一个学校,只要觉得传闻可信,就该去亲身一试。如果大学四年都不曾跨越系所门墙去学习,那可真是把大学给念小了。老师扮演的角色主要是向我们展示值得学习的内容、方向与最后的境界,老师能对人的启发毋庸再论,同学的相互启发也弥足珍贵,

《礼记·学记》曰:"独学而无友,则孤陋而寡闻。"① 同学是我们成长最好的助力。

古有《大学》为"初学入德之门也"。② 首先提出了明明德、亲民、止于至善三条纲领,又提出了格物、致知、诚意、正心、修身、齐家、治国、平天下八个条目。③ 八个条目是实现三条纲领的途径。在八个条目中,修身是根本的一条,"自天子以至于庶人,壹是皆以修身为本"。修身的起点是孝,孝为万善之门,孔子与曾子的对话:"先王有至德要道,以训天下,民用和睦,上下无怨,汝知之乎?"子曰:"夫孝,德之本也,教之所由生也。"意思是:"孝,是一切德行的根本,也是教化产生的根源。"从"教"字的构造可以看出:教化,既要教人以孝,又要教人以文,而且孝优先于文。这不难理解,因为孝道是人类修身立德之本,也是所有教化衍生的基础。血缘是维系家族的纽带,孝悌是巩固家庭的精神。一个崇尚孝悌的国家与民族,是一个凝聚力极强的集体,孝悌是民族之魂。

(二)培养健康的人格

大量事实表明,能否顺利完成大学学业,关键在于能

---

① 王梦鸥,注译.礼记今注今译[M].北京:新世界出版社,2011:320.
② 王国轩,译注.大学·中庸[M].北京:中华书局,2006:2.
③ 王国轩,译注.大学·中庸[M].北京:中华书局,2006:2.

否以较短的时间度过适应期。但是,从熟悉的中学生活到陌生的大学生活,在进入大学的初期,大学生应注意以下几个方面:

1. 生活上吃得了苦

虽然大多数学生在中学时期有过寄读经历,但其日常生活对父母的依赖性仍然较大。衣服、被子拿回家去洗,缺钱、缺物回家向父母要,碰到生活上的苦恼和困难向父母诉说。进入大学,生活全得自理,这对于平时依赖性强的新生来说,确实不方便,一时难以适应。生活是由无数的小事组成,《道德经》中曰:"天下难事,必作于易,天下大事,必作于细。"[①]

2. 心理上苦其心志

能够考取大学者,多是中学时期学习成绩优良者,也是家庭的重点培养对象。他们耳边经常听到赞扬声,心理上有一种优越感、自豪感。进入大学后,人才荟萃,他们感觉自己被忽视,引起内心的不安、心理上的不平衡。加之原本对大学设想得过于美好、浪漫,而现实的大学生活与理想的大学生活差距甚远,失望油然而生。不遭鄙薄者,难厚学。

[①] 陈鼓应注译.老子今注今译[M].北京:商务印书馆,2003:298.

3. 让学习成为习惯

中学课程"几年一贯制",大学里则期期有新课;中学一节课只讲几页,而且老师反复解释,重点辅导,大学一节课可讲十几页甚至几十页,下课后很难见到任课教师;中学主要靠记忆去应付考试,大学则强调自学能力,要求独立思考和独立解决问题。初进大学的新生一时难以适应这种新的学习生活和教学方式,不懂得怎样合理地运筹和支配时间,从而产生"大学教师授课不如中学教师,大学学习不如中学紧张"等种种错觉。这往往是大学一年级学生补考多的重要原因。学之精髓在于"悟",这种能力渐渐地衍生出创造力,他人是无法复制。

4. 新的人际关系形成中要耐得住寂寞

初进大学,环境陌生,教师陌生,同学陌生。同学之间心灵不通,兴趣爱好不尽相同,习俗习惯大不一样,新生常常感到与人难以交流,缺乏知己,从而产生寂寞孤独感。新的人际关系形成中要耐得住寂寞,路遥知马力,日久见人心。《论语》中曰:"德不孤,必有邻。"[1]不欺人,不自欺。能平静对待困难、挫折和荣誉;能和善处理自己与他人的关系。内心和谐是一种素质,也是一种能力,更是一种境界。幸福是一种体验,时刻感受到幸福充盈我们的心田,

---

[1] 杨伯峻.论语译注[M].北京:中华书局,2006:56.

从未离开。

5.集体活动中有担当

在中学时期,集体活动是在教师的安排与指导下,由少数几位同学承担,群体的参与性不突出。大学强调自我管理,学生除了完成学习任务外,还要参加不少的课外活动,担负一定的社会实践工作。每一代的大学生都有自己的际遇和机缘,心中有集体,就会有使命感,完成从中学生到大学生的角色转变的基本任务,扎根于集体,服务于社会,培养健康的人格。

(三)塑造独特的我

大学生利用校园的各种条件,按照培养目标,进行自我塑造,称为稳定发展期,约占大学生活3/4的时间,形成自我个性品质和必备的知识技能的重要阶段,有几个基本问题需要澄清。

1.有文凭,更要有水平

有的大学生被人误导,说中学是拼出来的,大学是混出来的,到大学后要好好潇洒几年,能拿个文凭就行了。持这种认识的大学生一旦发现自己学习上落伍了,要再赶上别人难度就大了。在这一阶段,大学生将学完大学期间主要基础课和专业基础课,逐步接触部分专业课以及接受大学各种基本教学环节的教育。要完成好这一阶段的学业,大学生原有的思想品德基础、学习基础、性格气质固然起着一定作用,但是,更重要的是大学生能根据变化的环境,适时地调整自己的奋斗目标、学习方法和行为准则与习惯。文凭只是敲门砖,真才实学才能立足社会。

2. 吃老本,高枕有忧

认为中学基础好,不要太费劲大学也能学好。殊不知,天外有天,人外有人,如不努力,就会落后。原来中学的"尖子"不一定能继续拔尖,原来素质相对差一点的同学也能后来居上。韩愈在《进学解》中说:"业精于勤,荒于嬉;行成于思,毁于随。"

3. 自卑也是动力

有的同学过分看重大学学业的难度,认为自己原先基础差,尤其是来自边远地区和学习条件较差的中学学生,到了现代化大城市后,感到交际能力、经济条件等方面都难以适应,对搞好学习缺乏信心,有的甚至自卑消极、不思进取,从而耽误了大好的学习时光。阿德勒(Alfred Adler 1870-1937)在《自卑与超越》中提出,每个人都有不同程度的自卑感,其起因于一个人感觉生活中任何方面都不完善、有缺陷。自卑感使人努力克服缺陷,他把这种努力叫做补偿。觉察到自己的不完美,通过行为的改变把它变得完美,正是我们来大学学习的目的。

自我成长、自我突破和开创生命的新境界，成为愈来愈值得肯定的自我，从而充实自己的人生意义与价值，使自己的生命变得愈来愈可贵。与此相较，一切外在的累积都是舍本逐末。我们通过持续地自我成长而不断自我突破，并且在每一次的自我突破之后实现更高层次、更成熟、更有价值的自我。要实现我们潜能的中更有价值的自我，持续不断地自我突破，持续不断地开创生命的新格局、新境界、新视野，并且在不断地自我突破中提升生命的价值、意义与层次。一个坦诚面对自己、不断成长的人，才有大的人生格局。

第二章　认知自我与个人成长

一、缘起

认知自我是我们一生的课题。一般人都误以为身体是"我","身"并不是"我",而仅仅是"我所",即"我"所在的地方,身体有生老病死,显然它不能主宰命运。"认识你自己",相传是刻在德尔斐的阿波罗神庙上的箴言。当人们发呆地仰望着天上的星星,或是怪怪地看着镜子里的自己,脑海里可能会冒出许许多多的问题。"我是从哪里来的?""活着是为什么?""宇宙的尽头在什么地方?"而"认识你自己"这句古希腊哲学家苏格拉底提出来的格言,说明大哲学家和我们俗人有着同样的困惑和疑问。为什么要"认识你自己"呢,因为只有认识了自己,才能进一步了解世界。人生价值的本质是认识自己。人的每一个瞬间都是变易的,生命由"八苦,生、老、病、死、求不得、怨憎汇、爱别离、五阴炽盛"构成无尽痛苦和无聊……幸福在于善行,学会接受自己,选择自己所爱,爱其所选择,幸福就在自己的心中。苏轼在《题西林壁》中写道:"横看成岭侧成峰,远近高低各不同。不识庐山真面目,只缘身在此山中。"身在庐山之中,又知庐山之美。寻找"父母未生前本来面目",即"真实的我",成为古往今来一切智者圣贤共同努力的目标。

我们每一个人的眼睛都有向外发现和向内观看的两种能力,向外可以发现一个无比辽阔的世界,向内可以发现一个无比深邃的内心。我们的成长过程中经历过好多事物,如从小的读书、长大的职业、以后的家庭,有追求,有尝试,有挫折……每个人在人生的不同时段都有自己的思考,认知自我是我们一生的课题。当人真正确认自己内心的愿望,才会极尽所能地挖掘自身潜能。人生就是心中的潜能得以发挥个人成长的舞台,心有多大,舞台就有多大。

人生规划与梦想设定应充分考虑兴趣、特长、性格与家庭环境、社会环境的匹配与适应。生命独特性更多地表现在个性品质、人生道路、实现人生价值的方式和途径的多样性。每个人要根据自己的兴趣、价值观、才能、性格和有利的环境等为依据,找到一个最佳的平衡点发挥自己的优势,选择一条适合自己的个人发展道路,展示自己的风采,为社会贡献自己的才能和智慧。如苏联作家奥斯特洛夫斯基所说:"人的一生应当这样度过:当回忆往事的时候,他不会因为虚度年华而悔恨,也不会因为碌碌无为而羞愧……"

二、价值观的导向作用

(一)价值观的导向作用

1. 价值观对人生选择、事业发展具有导向作用

价值观是一种内心尺度,支配着人的行为、态度、观察、信念、理解等,支配着人认识世界、明白事物对自己的意义和自我了解、自我定向、自我设计等;也为人自认为正当的行为提供充足的理由。价值观能说明哪些事情对自己重要,哪些事情是自己想要得到的。评估、辨别、澄清价值观是很重要的,可以选择一份能实现目标的职业。价值观量表有助于识别生活模式,并清楚自己的价值观是如何出现、发展和变化的。

2. 价值观关注职业人生的现实和理想双重目标

职业价值观指人生目标和人生态度在职业选择方面的具体表现,也是一个人对职业的认识和态度以及其对职业目标的追求和向往。理想、信念、世界观对于职业的影响,集中体现在职业价值观上。工作价值观涉及的是希望自己在职业中通过努力想实现的。职业生涯决策时要同

时考虑一般价值观和工作价值观,因为价值观在人一生中是相对稳定的。

职业价值观是价值观系统的一个重要方面,如果想找到能实现个人价值的工作,就必须知道这些事情能给你带来的人生价值。工作价值观的例子有:助人、影响他人、追求价值、成就、威望、地位、能力、安全感、友谊、创造性、稳定性、赏识、冒险、身体挑战、变化和多变、旅游的机会、道德自我实现、独立等。由于特定的工作价值观常与特定的职业相联系,这些将是个体与职业实现良好匹配的基础。在众多的价值取向里,优先考虑哪种价值。

(二)价值观的特性

1. 价值观是因人而异的

由于每个人的先天条件和后天环境不同,人生经历也不尽相同,每个人的价值观的形成会受到不同的影响,因此,每个人都有自己的价值观和价值观体系。在同样的客观条件下,具有不同价值观和价值观体系的人,其动机模式不同,产生的行为也不同。

2. 价值观具有相对稳定性

价值观是人们思想认识的深层基础,它形成了人们的世界观和人生观。它是随着人们认知能力的发展,在环境、教育的影响下,逐步培养而成的。人们的价值观一旦形成，便是相对稳定的，具有持久性。

3. 价值观具有可变性

价值观在特定的环境下又是可以改变的。由于环境的改变、经验的积累、知识的增长，人们的价值观有可能发生变化。

（三）价值观的种类

根据不同的划分标准，人们对价值观的种类划分也不同。

1. 中国传统的价值观

（1）货悖而入者，亦悖而出

《大学》中论述对我们非常有启发："货悖而入者，亦悖而出。"[1]意思是说，财货是以不好的方式得到的，它也必将以不好的方式耗散掉。所以在古人看来，钱并不是赚到手里就是自己的，它实为五家所共有。

首先就是官府。比如说钱是通过贪污腐败受贿来的，事情总会败露，你的所有财产都会被充公。然后还有水、火、盗贼和不肖子孙。水灾会把不义之财漂走；火灾会把你的财产给烧掉；古代有许多盗贼都是很有侠义之心的人，专门偷那些为富不仁的人；最后是不肖的子孙，虽然父

---

[1] 王国轩，译注. 大学·中庸[M]. 北京：中华书局，2006：31.

辈贪污受贿了很多钱,但是因为孩子没有受到良好的教育,他又耳闻目睹父辈这样不良的行为,他就会变成纨绔子弟,把这些钱财给消耗掉。

《太上感应篇》中说:"取非义之财者,譬如漏脯救饥,鸩酒止渴,非不暂饱,死亦及之。"意思是说,取不义之财的人就像吃有毒的肉来止饥、喝有毒的酒来止渴一样,不仅不能止息自己的饥渴,反而给自己带来了杀身之祸!"祸福无门,唯人自召;善恶之报,如影随形。"

(2)仁者以财发身,不仁者以身发财

《大学》上说:"仁者以财发身,不仁者以身发财。"[①]有智慧的仁者在赚取财富之后,不吝啬用这些钱财救济贫苦,捐助教育,支持慈善,结果用财富为自己获得了好的名声,受到社会大众的尊敬,甚至还能垂范后世,名留青史。而利令智昏的不仁者却不惜以自己良好的身份、社会地位、名声为代价,去追求财富的增长,以致贪污受贿、违法乱纪,甚至坑蒙拐骗、打砸抢烧,无所不为,结果落得了人财两空、家人蒙羞,甚至锒铛入狱、遗臭万年的结果。

(3)君子谋道不谋食,君子忧道不忧贫

中国古代的很多读书人,因为受到了良好的教育,他们绝对不会去取不义之财,做到了孔子所说的"富与贵是

---

① 王国轩,译注.大学·中庸[M].北京:中华书局,2006:35.

人之所欲也,不以其道得之不处也"。① 富贵是每一个人都想得到的,但是以不道义的、不正当的方式来获取它,我也不愿处于富贵的地位。"君子谋道不谋食,君子忧道不忧贫。"②意思是说一个真正有学问,以天下国家为己任的君子,只忧虑道之不行,只忧虑自己的为人,并不担心是否贫穷。孔子还说:"不义而富且贵,于我如浮云。"③如果是通过不道义的方式获得富贵的地位,这对我来说就像天边的浮云一样,和我毫不相关,我是绝对不会这样去做的。

2. 洛特克的价值观

美国心理学家洛特克(Milton Ro Keach)在其所著《人类价值观的本质》一书中,提出13种价值观:成就感、审美追求、挑战、健康、收入与财富、独立性、爱、家庭与人际关系、道德感、欢乐、权利、安全感、自我成长和社会交往。

3. 我国学者阚雅玲的职业价值观

(1)收入与财富。工作能够明显有效地改变自己的财务状况,将薪酬作为选择工作的重要依据。工作的目的或动力主要来源于对收入和财富的追求,并以此改善生活质量,显示自己的身份和地位。

---

① 杨伯峻.论语译注[M].北京:中华书局,2006:236.
② 杨伯峻.论语译注[M].北京:中华书局,2006:236.
③ 杨伯峻.论语译注[M].北京:中华书局,2006:99.

(2)兴趣特长。以自己的兴趣和特长作为选择职业最重要的因素,能够扬长避短、趋利避害、择我所爱、爱我所选,可以从工作中得到乐趣、得到成就感。在很多时候,会拒绝做自己不喜欢、不擅长的工作。

(3)权力地位。有较高的权力欲望,希望能够影响或控制他人,使他人照着自己的意思去行动;认为有较高的权力地位会受到他人尊重,从中可以得到较强的成就感和满足感。

(4)自由独立。在工作中能有弹性,不想受太多的约束,可以充分掌握自己的时间和行动,自由度高,不想与太多人发生工作关系,既不想治人也不想治于人。

(5)自我成长。工作能够给予受培训和锻炼的机会,使自己的经验与阅历能够在一定的时间内得以丰富和提高。

(6)自我实现。工作能够提供平台和机会,使自己的专业和能力得以全面运用和施展,实现自身价值。

(7)人际关系。将工作单位的人际关系看得非常重要,渴望能够在一个和谐、友好甚至被关爱的环境工作。

(8)身心健康。工作能够免于危险、过度劳累,免于焦虑、紧张和恐惧,使自己的身心健康不受影响。

(9)环境舒适。工作环境舒适宜人。

三、心态决定一切

英国哲人查尔斯·里德(Charles Reade,1814—1884)有一段著名的话:"播下一种思想,收获一种行为;播下一种行为,收获一种习惯;播下一种习惯,收获一种性格;播下一种性格,收获一种命运。"如何把握命运中稍纵即逝的机会,懂得如何在生活中不得不接受的变化与人生选择之间找到一个最佳的契合点,化被动为主动,保持积极的生活态度对于追求梦想以及未来生活的质量也是基础的保证。

(一)气质源于人格魅力

在现实生活中,有相当数量的人只注意穿着打扮,并不怎么注意自己的气质是否给人以美感。诚然,美丽的容貌,时髦的服饰,精心的打扮,都能给人以美感。但是这种外表的美总是肤浅而短暂的,如同天上的流云,转瞬即逝。如果你是有心人,则会发现,气质给人的美感是不受年纪、服饰和打扮局限的。

一个人的真正魅力主要在于特有的气质,这种气质对同性和异性都有吸引力。这是一种内在的人格魅力。气质美首先表现在丰富的内心世界。理想则是内心丰富的一个重要方面,因为理想是人生的动力和目标,没有理想的追求，内心空虚贫乏，是谈不上气质美的。品德是气质美的另一重要方面。为人诚恳，心地善良是不可缺少的。文化水平低下也在一定的程度上影响着人的气质，"腹有诗书气自华"。此外，还要胸襟开阔，内心安然。

气质美看似无形，实为有形。它是通过一个人对待生活的态度、个性特征、言行举止等表现出来的。气质外化在一个人的举手投足之间。走路的步态，待人接物的风度，皆属气质。朋友初交，互相打量，立即产生好的印象。这种好感除了来自言谈之外，就是来自作风举止了。热情而不轻浮，大方而不傲慢，就表露出一种高雅的气质。

气质美还表现在性格上。这就涉及平素的修养，要忌怒忌狂，能忍辱谦让，关怀体贴别人。忍让并非沉默，而不是逆来顺受，毫无主见。相反，开朗的性格透露出大气凛然的风度，更易表现出内心的情感。而富有感情的人，在气质上当然更添风采。

高雅的兴趣是气质美的又一种表现。如爱好文学并有一定的表达能力，欣赏音乐且有较好的乐感，喜欢美术而有基本的色调感等。许多人并不是靓女俊男，但在他们的身上却洋溢着夺人的气质美：认真、执着、聪慧、敏锐。这是真正的气质美，是和谐统一的内在美。

追求美而不误解美、亵渎美，这就要求我们每一个热爱美、追求美的人都要从生活中领悟美的真谛,把美的外貌和美的气质、美的德行与美的语言结合起来,展现出人格、气质、外表的一个完整的美好形象。

(二)性格源于自律

个人的职业态度,对其职业选择的行为有所影响,观念正确、心态健全的人,对职业的选择较积极、慎重,作出正确选择的机会较大,相反地,观念不正确、心态不健全的人,对职业的选择具有推诿搪塞、轻忽草率及宿命论的倾向,因此正确的职业态度的养成乃是不容忽视的课题。孔子对子路谈过六种品德和六种"弊病"[①],爱好仁德却不学礼度,它的弊病是会变得愚蠢;爱好聪明才智却不学礼度,它的弊病是放荡不羁;爱好讲诚信却不学礼度,它的弊病是容易被人利用,害己害人;爱好直率却不学礼度,它的弊病是说话尖刻刺人;爱好勇敢却不学礼度,它的弊病是捣乱闯祸;爱好刚强却不学礼度,它的弊病是胆大妄为。

在情绪的稳定性方面,有人情绪波动性大,情绪变化大;有人则情绪稳定,心平气和。在情绪的持久性方面,有的人情绪持续时间长,对工作学习的影响大;有的人则情绪持续时间短,对工作学习的影响小。在主导心境方面,

---

① 杨伯峻.论语译注[M].北京:中华书局,2006:257.

有的人经常情绪饱满,处于愉快的情绪状态;有的人则经常郁郁寡欢。《中庸》说:"喜怒哀乐之未发,谓之中;发而皆中节,谓之和。中也者,天下之大本也,和也者,天下之达道也。致中和,天地位焉,万物育焉。"①意思是:喜怒哀乐的情感还没有发生的时候,心是平静无所偏倚的,称之为"中";如果感情之发生都能合乎节度,没有过与不及则称之为和。"中"是天下万事万物的根本,"和"是天下共行的大道。如果能够把中和的道理推而及之,达到圆满的境界,那么天地万物,都能各安其所,各遂其生。

自觉性是指在行动之前有明确的目的,事先确定了行动的步骤、方法,并且在行动的过程中能克服困难,始终如一地执行。与之相反的是盲从或独断专行。坚定性是指能采取一定的方法克服困难,以实现自己的目标。与坚定性相反的是执拗性和动摇性,前者不会采取有效的方法,一味我行我素;后者则是轻易改变或放弃自己的计划。果断性是指善于在复杂的情境中辨别是非,迅速作出正确的决定。与果断性相反的是优柔寡断或武断、冒失。自制力是指善于控制自己的行为和情绪,与自制力相反的是任性。《中庸》曰:"博学之,审问之,慎思之,明辨之,笃行之。""有弗学,学之弗能弗措也;有弗问,问之弗知弗措

---

① 王国轩,译注.大学·中庸[M].北京:中华书局,2006:101.

也;有弗思,思之弗得弗措也;有弗辨,辩之弗明弗措也;有弗行,行之弗笃弗措也。"①意思是:要广博地学习,详细地求教,慎重地思考,明白地辨别,切实地笃行。不学则已,既然要学,不学到通达流畅绝不终止;不去求教则已,既然求教,不到彻底明白绝不终止;不去思考则已,既然思考了,不想出一番道理绝不终止;不去辨别则已,既然辨别了,不到分辨明白绝不终止;不去做则已,既然做了,不确实做到圆满绝不终止。"人一能之,己百之;人十能之,己千之。果能此道矣,虽愚必明,虽柔必强。"②别人学一次就会了,我还不会,就学他一百次;别人学十次就会了,我还不会,就学他一千次。如果真能照这样子去做,即使再笨,也会变得聪明,即使再柔弱的人也会变得坚强。

四、认识孤独

与他人相处和与自己相处恰如一枚硬币的两面如果我们自己都不喜欢和自己相处,那他人又怎么能够忍受呢?如果我们无法享受独处的时刻,我们也很难真正和他人融洽相处。而如果我们能和自己相处愉快并享受孤独,我们就更加有机会和他人建立坚固的、平等互让的关系。

---

① 王国轩,译注.大学·中庸[M].北京:中华书局,2006:101.
② 王国轩,译注.大学·中庸[M].北京:中华书局,2006:101.

当然,虽然我们需要他人的陪伴来提高我们的生活质量,可是却很难有人能够完全了解自己独特的感受、想法、希望和回忆。从某种意义上来讲,尽管我们和他人可以建立有意义的关系,但是,我们都是孤独的,将孤独看作人类的一种生存状态和人生经验中非常有价值的部分,而非应该不惜一切去避免的痛苦。

(一)孤独和独处的意义

懂得区分独处和孤独的差别是很重要的。孤独和独处是不同的人生体验,并且具有各自不同的意义。孤独感通常由于一些生活事件引起,我们所爱的人去世、与他人的离别、移居到另一个城市、久居于医院之中或者人生的重大决定。当我们感到和周围人隔绝开的时候,孤独感就会出现,而且这种孤独感可能源自于童年时期依赖感的缺乏。同样,当我们缺乏社会关系网络或者这些关系出现紧张状况时,孤独感也会出现。特别容易感觉到孤独寂寞的人群包括那些离异的、分手的、寡居的和独自生活的人。有时候,孤独感仅仅是表明我们和自己存在某种程度的沟通不良。无论孤独感怎样产生,它通常都是突然袭击我们的心灵,而非我们主动选择去感受的一种体验。尽管如此,我们能够选择的,是我们对待孤独感的态度以及如何去处理孤独感。如果愿意坦然地去感受孤独,尽管那是伤痛的,我们却可以惊喜地发现自我内心的力量源泉和创造力。

与孤独感不同,独处是我们主动选择的生活状态。独处时,我们和自己相处,去探索自我,唤醒新的自我。当自己对自己感到陌生时,那么同样也让他人感到难以靠近。如果连自己都无法触及自己,那么他人也无能为力……只有当自我能通往自己的内心,才能通往他人的内心……对自我而言,独处,是重新找回自我内在源泉的最佳方式。

如果我们不花时间和自己相处,让各种活动和项目占据生活,那么就可能有丧失中心感的风险。独处的经历让我们明白,每一天都需要独处一段时间,即便只是短短的几分钟,这样才能感受到自我的存在,才能更好地与他人交流。

独处给予我们检验生活和沉思的机会。它让我们有时间去思索一些深刻的问题。如:"我是否曾经不了解自己?""我是否聆听过自己的内心""我是否曾被忙碌的生活打扰和过度兴奋?"我们可以在独处的时候,探索自我内心,更新对自我的观念,同时也学会相信自我内心的力量来指引人生的道路,而非受到环境和他人期望的左右。有的人认为,独自一人的时候总是孤独的。然而,如果我们坦然接受独处的时刻,那么,我们参加活动和建立关系就是出于身心的自由,而不是出于恐惧才投入各种活动和关系之中。当我们进入一种纯粹的独处时,我们就有能力进入自我的内心深处,并且和他人建立起有意义的关系。寂静和独处为我们提供了了解自我、获取中心感和形成有意义的人际关系的途径。

如果我们的生活太过于狂热和复杂,我们或许就无法体会独处的珍贵体验。当我们表示希望独处之时,会害怕其他人觉得我们很奇怪。的确,别人有时难以体会我们渴望独处的想法,并会劝说我们和大家待在一起。有些亲朋好友甚至感到隐约的担忧,因为他们把你对独处的渴望理解为对他们关爱的减少。因而,这些担心和害怕会让他们尝试着不让你和他们分开。

我们需要时刻提醒自己,我们能够忍受的与他人交往的强度也有上限,忽略我们对距离感的需要只会造成遗憾。比方说,一对夫妻总在一起,也总是和他们的孩子在一起,那么他们既不能很好地关照孩子,也不能很好地关照彼此。最终,他们会逐渐对这样的"职责"充满悔意。如果他们能够偶尔脱离开来,那么,他们或许能够更好地为彼此和孩子们付出大多数人很难体验独处,因为我们都常常让生活变得越来越狂热和复杂。我们害怕如果自己要求一些私人时间时,会疏远他人,于是渐渐疏远了自我;

世间有太多的纷纷扰扰,让我们难以抗拒。独处就显得没有价值也不被鼓励,从很小开始,我们就被告知持续的忙碌远比安静的独处好得多。孩子们的生活被大量的活动占满,几乎没有闲暇的空余。心理咨询师经常能遇到那些饱受压力和负荷过度的生活折磨的儿童。这些孩子很早就学会了追寻刺激,没有活动,他们就很容易感到无聊。

我们可能会对自己需要并花费时间来独处感到不安,甚至会为了找些时间独处编制各种借口,坦诚自我的需要和想法会引起某些隐患,而无法坦诚同样存在危险。自我定位和中心感的缺失,这些都和独处有关。

(二)学着面对孤独带来的恐惧

我们的确有理由害怕孤独。因为有证据表明,孤独不仅会影响身体健康,同样也会影响心理健康。当孤独感长期存在的时候,更加可能导致情感上的心理问题。感到孤独的人更可能感到抑郁,或者血压偏高。更有证据指出,孤独感还和心脏病、寿命缩短以及当前的疾病有关系。对于那些长期感受孤独和那些没有人分享自己生活的人而言,问题更加严重。

如果将生活中孤独的时期和痛苦挣扎联系在一起,那么,我们是以消极的眼光来看待孤独的。进一步,我们会把独自一人当作是孤独,然后,要么避免独自一人的时间,要么就找很多活动来填充这样的时间。我们可能会将独自一人和抗拒自我、与他人的隔绝联系起来。可荒谬的是,由于对被拒绝和孤独的恐惧,我们在拒绝帮助他人或是在亲密关系中有所保留的时候,更加会感到无可救药的孤独。在其他时候,由于我们害怕孤独,我们会欺骗自己,以为将自己的生活捆绑在另一个人的生活上,就可以抵御孤独。对于这种关系的寻求,尤其是寻求那些能够照顾自己的人,通常就是源于对孤独深深的恐惧。

对那些害怕孤独的人而言,安静总是令人心神不宁,因为它会逼迫我们去深思,去触碰我们心灵的深处。我们会试图逃避这种面对自我的时刻,我们会让自己显得特别忙碌,以至于没有时间去沉思。

五、聆听自己内心的声音

我们所生存的世界里充斥着各种娱乐和逃避手段,这些让我们很难聆听到自己内心的声音。矛盾的是,身处在这拥挤不堪的城市和花样众多的活动中,我们依然常常感到孤独。究其原因,正是我们自己疏远了自己。

生活中的我们通常隐藏自己的孤独感。把自己藏在面具之后,把自己的生活捆绑在他人的生活里,逃避面对自我的时候,可结果却是丧失了自我,变得越来越难以接近。

在生活里,我们经常能够遇到那些隐藏某部分自我的人。在生活中,由于害怕被拒绝,他们把真实的自己隐藏起来,不要他人了解。在真诚的氛围中逐渐展现出原本的自我,并且渐渐接受帮助和强化,于是也越来越愿意让身边重要的人了解曾经隐藏的那些内心部分。通过这样的自我释放,人们也逐渐学会了去欣赏曾经被放逐的那部分自我。

我们常常混迹于人群之中,试图说服自己并不孤单。如果我们想重新找回自我,就必须先弄清楚自己用来逃避孤独的那些方式。我们可以思考一下自己的朋友关系,是否曾经利用他人来填补内心的空虚。我们可以反思一下那些占据生活的各种活动是否真的给我们带来了满足,又或者只是让我们更加空虚和难以沟通。对于我们之中的某些人而言,和朋友在一起或许比独自一人更加孤独。为了真正地对抗孤独,我们更加需要时间来独处,深化对自我的认识,从而成为指导我们生活的方向与核心。

(一)害羞造成的自我孤独

你认为自己是害羞的人吗?害羞是指在人际交往过程中表现出来的焦虑和过度谨慎。害羞的人具有的一些重要特征包括:怯于表达自己,对别人的眼光十分在意,而且反应强烈;容易感到尴尬,而且具有一些外在表现,如脸红、胃部不适反应、焦虑以及脉搏过速。害羞的人在社会环境中总是感到不太舒服,特别是他们成了众人的焦点或者需要发言的时候。不过害羞倒不是一个大问题。或许你还挺喜欢有点儿害羞的自己——你的朋友或许也挺喜欢害羞的你。只有当害羞让你没法按想要的方式来表达自己时,才会成为你的问题。如果你能够融洽地和朋友相处但又保持你害羞的本性,你就能够学会说你想说的,做你想做的。

按照斯坦福大学害羞诊所的创建者非利普·津巴多(1987)的说法,害羞是一种普遍的情形和体验。在一项研究中,80%的被访者表明自己在人生的某个阶段是害羞的。其中,40%的被访者认为自己在受访的时候仍然很害羞。这表示,在美国10个人中就有4个人,也就是840万美国人,都是害羞的人。害羞是持续存在的,有的人认为他们自己一直就很害羞,而有的人是对特定人或在特定的情境就会感到害羞。不过害羞也很可能受到个人所处的文化的影响。因此,界定自己的"害羞"标准是很必要的。或许在有的情境中你很害羞,但是,你在这些情境中表现出的害羞并不一定就是自己的人格特点。害羞可能直接导致孤独感。津巴多认为,害羞可以成为个人社交和心理

第二章 认知自我与个人成长

方面的障碍,正如身体的残疾造成的障碍一样。

你可能意识到害羞对于你而言是一个问题,而且至少从一定程度上讲,造成了自己的孤独。你可能会问:"我怎样才能做些改变呢?"或许首先,你应该勇于克服在表达自己真实情感和想法时内心产生的恐惧感。很可能,导致害羞的原因并非你缺乏用于表达自我感情和想法的人际沟通手段。让自己多进入那些必须学习和人交流、参与社交活动的情境当中,即使这样会让自己感到害怕和难受。

确定那些引起你害羞的社会情境是有益的,特别是会引发你害羞反应的那些社会情境。此外,找出你害羞的原因和那些有影响的因素也是非常有用的。根据律巴多的研究,和害羞有关的因素有:对他人的负面评价太过敏感、害怕被拒绝,缺乏自信和特定的社交手段、对亲密关系的恐惧以及身体的残疾。

确定你自己害羞原因的一种好方法就是,对那些引发你害羞行为的情境特别留意并进行记录。把你的真实感受和你在这些情境中做出的反应记录下来,特别要留意在这类场景中,你的自言自语和内心独白。如你心中负面的想法,事实上让你注定失败。你可能悄悄地对自己说:"我没有吸引力,大家都不可能愿意和我交谈。""我最好循规蹈矩,免得遭人嘲笑。""我害怕被拒绝,我无法主动去认识我想认识的人。""你们没有兴趣了解我的想法和感觉。""周围的人都在对我评头论足,我可能没法达到他们期望的那样。"这样的想法大概只会把你自己禁锢在害羞之中,让你无法和他人具有实质性的沟通。你可以学着战胜这类给自己泄气的想法,并且用有建设性的想法取而代之,从而控制你的害羞程度,克服害羞需要你注意、考虑并且改变那些关于害羞、关于自己的想法。学习用新的角度看待自己,你就要通过新的行为方式检验自己新的观念。

难以克服害羞感的人们通常在社交活动中显得比较退缩,然而,社交中的退缩行为只会让情况更加恶化,从而导致孤独感。如果你很害羞,重要的第一步就是接受害羞是你自己的一个方面。然后多参加社交活动,和大家多交流。尽管你很害羞,还是要留心注意自己的想法、情感和行为,逐渐了解自己经历的过程。

(二)孤独和人生的阶段

我们处理孤独的方式在很大的程度上,与童年或青少年时期的孤独经验有关系。在后来的生活中,我们会觉得孤独是毫无意义的,是需要避免的。回顾我们过去的生活经历很重要,因为它们常常成为孤独情感的根源。此外,如果我们意识到孤独是我们人生各个阶段不可避免的部分,我们就不会那么恐惧它了。很多情况下我们都会体验到孤独。个体之间的差异,如性别、种族性取向、所使用的语言或者身处异国他乡,都可能会引起孤独感的产生。一旦不再像惧怕洪水猛兽一般害怕孤独,我们就不太会对孤独的时期感到焦虑。孤独其实只是人生经历中很自然的一个方面,我们不应该将孤独看作病态的体验。

1. 孤独和童年

回顾童年时期的孤独体验,有助于了解你现在对孤独或单独一人的恐惧。当我们重现这些记忆之时,首先要明白儿童的世界并非一个逻辑的世界。我们童年的那些恐惧感可能被夸大,而且就算我们意识到这种恐惧感有多么可笑,但是仍然会受到它们的侵扰。可不幸的是,如果大人告诉我们为这类事情感到恐惧很可笑的话,并不会让我们的恐惧减少,反而会让我们觉得更加孤独,你可能会问:"为什么要回顾童年的那些痛苦和孤独?为什么不只是让其成为过去?"因为重温儿时遭受过的痛苦,可以有助于了解儿时伤痛怎样影响现在的我们。我们还可以重新考虑一下,那些在极度孤独的时期作出的决定,是否真的合适。通常情况下,我们长大后仍采用小时候惯用的处事方法,即便这些方法可能已经不太适合了。如当你七岁的时候,全家搬到了一个陌生的城市,你也进入了一所新的学校。新学校的同学嘲笑你,起初的几个月你过得非常不开心,感觉自己在世界上非常孤独。后来,你就把自己和所有感情都封闭在自我的世界里,以此来避免周围的人伤害你。虽然这样的体验已经成为过去,但是,你可能仍然采用这种方式在保护自己,似乎已经成了条件反射。通过这样的方式,过去对孤独的恐惧很可能成为你现在感到孤独的原因。如果你能够体验这种痛苦并从理性和感性两方面都战胜它,你就能够战胜过去的痛苦,并给自己打开新的一片天空。

同样,你也可以想想,小时候是否也有喜欢独自一人的时候,把你对待这种体验的态度和想法同样也记录下来,你喜欢在什么样的地方独处?你自己一个人的时候喜欢做些什么?回忆一下这样的体验对你有什么积极的作用。

青少年和青年似乎比老年人更容易感到孤独。对于很多人来说,孤独就是青少年的同义词。青少年经常感觉自己孤立无援,而且他们认为自己是唯一体验这种孤独感的人。由于某种异常的变化,他们感到自己被隔绝起来。仅仅是生理上的变化和冲动就足以造成困惑和孤独,可实际上,这种困惑和孤独也源自于青少年经受的很多压力。青少年会逐步建立自我意识,他们渴望成功却又害怕失败,他们渴望被接纳和被喜爱,却害怕被拒绝,嘲笑和被同

第二章 认知自我与个人成长

伴排挤。绝大多数的青少年都有过身处一大群朋友之间，仍然感到孤独的体会，他们通常担心被排斥。顺从能够让自己被接受，而反抗的代价却常常是巨大的。

2. 孤独和青年

人在年轻的时候，我们会尝试不同的生活方式，并建立起将会持续多年的生活方式。你可能会挣扎于这样的一些问题：你将要如何生活？你想建立怎样的亲密关系？你将如何规划未来？在人生的这个阶段要做出这些选择将会是一个孤独的过程，而孤独也可能是因为不能受到他人的肯定。

解决孤独的方式对你做出的决定会有重要的影响。反过来，你作出的决定也会影响你将来的生活历程。如果你没有学会倾听自己的心声，相信自己内心的力量，那么，很可能在你并未准备好开始一段感情或一份工作之前迫于种种压力而去寻求这些东西，也可能你会在工作里或同事身上去寻找一种认同感，其实这种认同感只能最终在自己的内心中找到。

在人生的这个阶段，我们有机会决定自己和自己与他人相处的方式，同样，也要选择工作和对未来作出规划。我们应该思考对自己的孤独是否应该负一定的责任，要如何改变自我。如果在学校里，你觉得孤单，问问你自己都做了些什么和打算怎么做。你是否预先就觉得别人都喜欢单独待着？你是否总假定其他人早就建立好了各自的小团体,而你却无法加入？你是否希望他人来接近你,尽管自己不愿迈出第一步？怎样的恐惧感让你踌躇不前？这些恐惧感又从何而来？过去的孤单和被拒绝的感受是否影响着你现在作出的决定？

一些学生因为远离了重要的亲人而感到愧疚,特别是当他们想到,自己的新生活如此优越,而远方的亲人还在为基本生存需求而辛苦的时候。曾经有个年轻人因为把交学费的部分奖学金寄给了家人,而失去了经济上的资助。当他选择用这样一笔钱帮助那些处于困境中的亲人,还是来接受教育提升自己的时候,他觉得困惑,左右为难。虽然他希望能够好好利用大学教育的机会,可同时也想要照顾家乡的亲人们。他不仅因为独自享有这么多钱而有负罪感,而且要作出许多影响他人的决定也让他倍感孤独。

3. 孤独是一种力量的源泉

一旦完全接受了独处,孤单就变成了自己获得力量的源泉以及和他人交往的基石。渐渐地喜欢自己独处的时间。有时候,每天按部就班地生活,非常忙碌,以至于忘记了自我反思、为自己的精神和情感提供养分。花时间独处,使我们能够有机会去思考、计划、想象和期望。独处让

第二章 认知自我与个人成长

我们懂得倾听自己,敏锐地感受自己经历的一切。独处的机会让你重新去感激你和重要的人分开或者在一起的时光。一定要铭记,如果自己都无法做自己的好朋友,那么寻找份真正的友谊是非常困难的。

我们都有和他人相处的需要,而这样的需要可以通过各种各样的亲密的人际关系得到最好的满足。然而,人生经验的任何一个重要方面都要能够独立的有创造性的生活。除非我们可以享受自己的独处,否则很难从和他人的关系中找到真正的快乐。和他人相处与和自己相处如同一枚硬币的两面。

有的人无法和他人交流,建立重要的关系,这是因为他们在社交环境中的胆怯和某种的不自信。很多人坦白说自己曾经为害羞而困扰,不知道如何解决这个问题。害羞可能会导致孤独感的产生,然而害羞的人可以挑战他们不自信的恐惧感,害羞不是需要"治疗"的障碍,也不是一无是处。很重要的是,我们需要意识到,某种特定的态度和行为才是造成我们有时孤独的原因。

人生的每一个阶段都有要完成的任务,而从一种发展的角度来看待孤独也是最合适不过的,在我们经历童年、青少年、青年、中年、老年的过程中,特定的环境会引起孤独感。我们大多数人都体验过童年和青少年时期的孤独感,这些体验会对我们当前的很多观点、态度和人际关系有重要的影响。了解这些人生转折点和相关事件给我们带来的情感之间的关系,是非常有意义的。

体验孤独是人生的一部分,因为最终我们都是单独存在的。如果我们能够体会孤独并利用这种体验来更新自己的感受,那么,我们将从中受益良多。更重要的是,我们再也不用为早年在孤独感中做出的那些决定受到伤害。我们可以自己做决定,可以选择面对孤独,并积极地应对,也可以选择逃避它。对于是否感到孤单,是否和他人交往的问题,我们还可以自主地选择。我们也可以在被他人拒绝之前,为自己设计一些活动来拒绝他们以保持自我,又或者我们冒着风险,贸然地和他人接触。孤独时,我们才会和自己对话。孤独者的情趣是思想者的情趣——因其宽广而久远,因其无限丰富而通达永恒。思想使独处其乐无穷。就像哲学家帕斯卡所说:"人只是宇宙中的一颗微粒,可人的头脑却能思考整片宇宙。"

我们真正属于自己的时间并不多,或是在忙于应对本能的吃喝拉撒睡,或是在应接不暇地做着杂七杂八的事,接触着亲疏不一、形形色色的人,我们应当给自己更多独处的时间,为的是卸下"面具",自如生活。当你一个人独处,自我的力量就开始觉醒,内心变得越来越强大。

第三章 梦想目标与个人成长

第三章　梦想目标与个人成长

一、缘起

选择的智慧就在于每次都能够准确地把握时机、正确地作出选择。对事业、对父母、对爱情、对孩子,以最从容的心态、最巧妙的方式、最和蔼的面容来面对。从容不是来源于懂得选择,而是懂得放下和不回头。让自己选择的时候更加智慧,选完了就放下来,千万不要回头想。因为回头想也不能改变它,只能往前看,为自己每一个选择负责,在选择之前想得透彻一点,想得清楚一点,然后快快乐乐地走下去。人生是一个不断选择的过程,在某种程度上,选择比努力更重要。唯有确立了心中的目标,自己的时间、精力和智慧才能够形成合力,每天都为目标添砖加瓦,而不是像水蒸气一样四处涣散。正因为有了目标的指引,事业就有了方向感,踏出的每一步也都将被赋予崭新的意义,即便遭遇坎坷与挫折,也能将其化为前行的力量。

正是因为确定目标的高度与方向,以及为之奋斗的坚定决心和持续行动,不仅决定了短期的成果表现,更决定了人生光彩和舞台的宽度。

对于生命意义的探索需回答三个关键的存在问题,任何一个都没有简单的绝对的答案:"我是谁?""我将去向何方?""为什么?""我是谁?"的问题在我们人生不同阶段都会有不同答案。当自己的价值观无法提供生活的意义和前进的方向,我们会面临选择是消沉地活下去,还是开始新的生活。必须作出选择是按照他人的意来定义自己,还是按照自己确定的价值观来重新定义自己。"我将去向何方"是关于我们生活规划的问题。我们希望用怎样的计划来达成目标?回答这一问题也需要不断地回顾生活,因为人生的目标是不断变化的。寻找"为什么"的答案是人类的一大特征。我们面对的世界在迅速地变化,旧有的观念会被新的观念取代或者消亡。回答这个问题的一部分,就是努力地去寻找我们所处世界的意义。

二、探寻生命的意义与价值

(一)寻找自我的身份

获得个人的身份并不意味着固执地保持某种思考和行为的方式。相反,自我的身份应该包括相信自己并愿意

第三章 梦想目标与个人成长

接受新的可能性。我们的准则和优越感、习惯和人际关系时常都需要进行重新思考。首先，我们学会倾听内心的自我，通过这种方式，才能找出那些标明了自我身份的核心价值观。

价值观是影响我们行为的核心信念。为了作出真实的选择，必须弄清自己价值观的来源以及我们的生活受其影响的程度。如果我们曾审视过这些价值观，并确定它们符合自我的需要，那么，这些价值观就可能被接受。

人类是唯一能够思考自我存在的生物，并根据自我意识，选择自己的生活方式。然而，自由也带来责任感和一定程度的焦虑。如果相信生活的意义都是自我选择的结果，而生活的空虚就是我们失去选择权的结果；那么焦虑就更加严重，为了避免这种焦虑，怯于反思那些控制我们生活的价值观；或者在很大程度上，害怕接受想要的自我；于是，让他人和社会的习俗左右了自己的生活。在《相约星期二》中，垂死的莫里和我们分享了睿智的思考："明白了死亡，你就明白了生存。"莫里的一些深刻的评论，把寻找生命目的和意义的问题阐述得淋漓尽致。

很多人在虚度年华。他们似乎总在梦游，即便他们自以为在做重要的事情。原因只是他们在追寻错误的目标。让生活有意义是全身心地爱他人，投身于周围的社会中，并且专注于那些令你生活充满意义和目标的事情。莫里所说的并非赚钱或者聚集物质财富，而是寻找超越自我之外的动力，为他人奉献，为让世界更美好而努力。在寻找生命意义过程中会遇到一个障碍，就是发现这个世界看来本身就毫无意义。当发现这个世界是多么荒谬时，很容易放弃努力，或者根据某种权威来确定生命的意义。可是，寻求生命的意义却恰好是人类所要面临的挑战。

很多心理咨询的来访者都觉得自己缺乏明确的人生目标和意义。雅罗姆(1980)以最简洁的方式表达了这种虚无危机："一个渴望意义的生命要如何在这个本身毫无意义的宇宙中找到意义？"和弗兰克(1963)一样，雅罗姆总结说，人类需要意义才能存活。缺乏意义和价值的生活会引发苦恼，在最严重的情况下，会导致自杀行为。我们需要催人进取的目标，需要指导言行的准则。

人类的一个重要特征就是寻求生命的意义。努力寻找生命的意义成为我们生存的主要动力。人类为了他们的目标和价值观选择生存，甚至选择死亡。弗兰克(1963)写道："人的任何东西都可以被剥夺，除了一样：就是人类最终的自由，在任意情境中决定自己的观点，选择自己的生活方式。""拥有生存意义的他几乎可以忍受任何事情。那些还盼人生目标或未尽之义务的人，比起那些毫无牵挂的人更加可能存活下来。人生中充满了选择,而我们能做的和不能做的决定,会影响我们人生的意义。"

选择与人生意义的关系他们虽然没有办法选择所处的困境,但是至少他们还可以选择对待困境的态度。维克多·弗兰克是一位欧洲的精神治疗师,致力于对生命意义的研究。那些在纳粹大屠杀中的幸存者最恰当的注解了选择与人生意义的关系他们虽然没有办法选择所处的困境,但是至少他们还可以选择对待困境的态度。甚至在最困难的情境下,我们仍然可以选择自己的态度,为这样的情境赋予新的意义。

很多人在努力影响这个世界的同时感受生命的意义。我们希望触及他人的生活,希望自己能从某种程度上为让他们的人生更加圆满作出一定的贡献。虽然自我接纳是建立有意义的人际关系的先决条件,但另一方面我们却要超越自我中心的态度。最终,我们渴望和他人建立关系,也愿意作出奉献。

(二)建立人生哲学

人生哲学由基本的信念,态度和价值观组成,并控制了个人的行为。或许你很少考虑所谓的人生哲学,即便你没有意识地去确定自己人生哲学的各个部分是什么,也并不代表你就没有人生哲学,我们行为都是基于自己对自己、他人以及整个世界的种种假设。主动发展人生哲学的第一步,就是清晰地勾勒出自己现在的态度和信念。

自从第一次开始思考生与死、爱和恨、欢乐与恐惧以及宇宙的本源这些问题,我们就逐渐发展了模糊的人生哲学。如果幸运的话,长辈们会跟我们讨论此类的问题,而不是制止询问,让我们陷入无尽的困惑中。

在青少年时期,探索的过程常常会开启一些新的方面。自小就被鼓励探索和自我思考的青少年会开始思考更加深刻的问题。人生的哲学不是一蹴而就的,也不是在青少年时期就可以完成的。只要我们活着,人生哲学就在不断地发展。只要我们还对人生保持着好奇并乐于接受新事物,就能不断地修整和重建我们对世界的认识观念。或许在青少年时期人生对于我们有某种特殊的意义,而成年时期又会有新的意义,等到老了也会有不同的意义。的确,如果我们不能保持对生活基本的一些变化保持开放的态度,那么就会很难去适应周围的环境。花点时间独处,反思人生,对形成和重建自己的人生哲学很有用。

三、道德修养是永恒的个人成长

(一) 老者安之,朋友信之,少者怀之

孔子在《论语·侍坐》篇中启发弟子们谈自己的理

第三章 梦想目标与个人成长

想,并表达了不同的看法和评价。一开始,孔子就开门见山对子路、曾晳、冉有、公西华四位弟子说:"平日里说,没有人了解自己的才能。如果有人了解你,那么打算怎么做呢?"

孔子话音刚落,子路就抢先发言,认为:凭自己的才能去治理一个中等规模的国家是绰绰有余的。即使是这个国家处在外有侵侮、内有饥荒的危急情况下,也能使之转危为安;用不了几年工夫,就可使这个国家强盛起来,使那里的百姓都懂得礼义。这表现出子路直率而又粗俗鲁莽的性格。

冉有、公西华则是在孔子点名以后才发表见解的,态度谦虚谨慎得多,语气委婉得多。他们认为只能在"方六七十,如五六十"这样一个小诸侯国或大夫封地里做点具体工作,使百姓富足。至于礼乐方面的熏陶和教育只能另请贤明了,冉有、公西华显得那样平易、谦和。

曾晳既不讲从政,即治理国家;也不讲出使会盟,而是刻画一个场面,描写一个情景:"莫春者,春服既成,冠者五六人,童子六七人,浴乎沂,风乎舞雩,咏而归。"[1]从富有诗意的情景描写中,委婉地表达出曾晳的理想;显得那样从容不迫,逍遥自在,但却引起了孔子的无限赞叹。孔子

---

[1] 杨伯峻.论语译注[M].北京:中华书局,2006:167.

说:"吾与点也!"明确表达了他的欣赏。

人生理想实际上包含着政治上的追求和道德上的修养两个方面。《论语·侍坐》篇侧重于政治方面,而《论语·公冶长篇》所记孔子与弟子们论志则是偏重于伦理的。颜渊、子路侍。子曰:"盍各言尔志?"子路曰:"愿车马衣(轻)裘与朋友共,敝之而无憾。"颜渊曰:"愿无伐善,无施劳。"子路曰:"愿闻子之志。"子曰:"老者安之,朋友信之,少者怀之。"①

曾皙的高明之处正在于他能将政治和道德的两种理想熔为一炉,出之以春风沂水,一片和煦春光,既可理解为政治理想寄托,也可引申为道德修养追求,仁者见仁,智者见智。《论语·雍也》中子曰:"贤哉回也! 一箪食,一瓢饮,在陋巷,人不堪其忧,回也不改其乐。"②意思是:贤德啊,颜回吃的是一小筐饭,喝的是一瓢水,住在穷陋的小房中,别人都受不了这种贫苦,颜回却仍然不改变问道的乐趣。《论语·述而》中孔子评价自己"发愤忘食,乐以忘忧,不知老之将至云尔"。③ 很多现代人把职位和财富列为职业目标,到了一定的年龄,才发现一个人的财富和职

---

① 杨伯峻.论语译注[M].北京:中华书局,2006:73.
② 杨伯峻.论语译注[M].北京:中华书局,2006:82.
③ 杨伯峻.论语译注[M].北京:中华书局,2006:100.

位的提升是有极限的,难免心中会失落,正所谓"富贵在天"。德不配位也会招致祸患,而德行的修养却没有上限,可以终其一生。《中庸》曰:"大德者,必得其位,必得其禄,必得其名,必得其寿。"①

(二)个人成长,从制订合适的梦想目标开始

目标就是力量,奋斗才会成功。人生规划,先确定自己的奋斗方向。研究一些成功者的成功轨迹,就会发现他们走向成功之前大都有着自己的明确目标。美国成功学家拿破仑·希尔(Napoleon Hill,1883—1969)在《思考致富》中有这样一句名言:"一切成就的起点是渴望。"②一个人追求的目标愈高,他的才能发展就愈快。

一心向着自己目标前进的人,整个世界都给他让路。希尔认为,所有成功,都必须先确立一个明确的目标,当对目标的追求变成一种执着时,你就会发现所有的行动都会带领你朝着这个目标迈进。目标就是力量,奋斗才会成功。古今中外凡是在事业上有所发展、有所成就的人,无不有着明确而坚定的目标。英国前首相本杰明·迪斯累里(Benjamin Disraeli,1804—1881)原本是一名并不成功的作家,出版数部作品却无一能给人留下深刻印象。后来

---

① 王国轩译注.大学·中庸[M].北京:中华书局,2006:84.
② (美)拿破仑·希尔.思考致富[M].北京:中国友谊出版公司,2017.

迪斯累里涉足政坛,决心成为英国首相。他克服重重阻力,先后当选议员、下议院主席、高等法院首席法官,直至1868年实现既定目标成为英国首相。对于自己的成功,在一次简短的演说中迪斯累里一言以蔽之:"成功的秘诀在于坚持目标。"明确而坚定的目标是赢得成功、有所作为的基本前提,因为坚定目标的意义,不仅在于面对种种挫折与困难时能百折不挠,抓住成功的契机,让梦想一步步变为现实,更重要的还在于身处逆境能产生巨大的奋进激情,使自己的潜能得到最大限度发挥与释放。

1. 目标对人生影响的跟踪调查

哈佛大学有一个非常著名的关于目标对人生影响的跟踪调查。调查的对象是一群智力、学历、环境等条件都差不多的大学毕业生。结果是这样的:

27%的人,没有目标;

60%的人,目标模糊;

10%的人,有清晰但比较短期的目标;

3%的人,有清晰而长远的目标。

以后的25年,他们开始了自己的职业生涯。25年后,哈佛再次对这群学生进行了跟踪调查。结果是这样的:3%的人,25年间他们朝着一个方向不懈努力,几乎都成为社会各界的成功人士,其中不乏行业领袖、社会精英;

10%的人,他们的短期目标不断地实现,成为各个领域中的专业人士,大都生活在社会的中上层;60%的人,他们安稳地生活与工作,但都没有什么特别的成绩,几乎都生活在社会的中下层;剩下27%的人,他们的生活没有目标,过得很不如意,并且常常抱怨他人,抱怨社会,抱怨"不肯给他们机会"的世界。

其实,他们之间的差别仅仅在于,25年前,他们中的一些人知道自己到底要什么,而另一些人则不清楚或不很清楚。

2. 目标提升工作热情

15世纪一位宗教改革家讲了自己青年时代改变他一生的小故事。人们都在汗流浃背地搬砖,他去问第一个人说,你在干什么呢?

那个人特别没好气地告诉他,你看不见啊,我这不是服苦役——搬砖吗?

他又把这个问题去问第二个人。这个人的态度比第一个人要平和很多,他先把手里的砖码齐,看了看说,我在砌堵墙啊。

后来他又去问第三个人。那个人脸上一直有一种祥和的光彩,他把手里的砖放下,抬头擦了一把汗,很骄傲地对他说,你是在问我吗?我在盖一座教堂啊。

三个人对自己所做的事情作出来的解读却是三个层次：

第一种人把所做的每一件事情都看作是生活强加给自己的一份苦役，他关注的是当下的辛苦。

第二种人知道自己在砌一堵墙，这堵墙是一个局部成品，他知道要对得起今天的岗位，要对得起他的一份薪水、一个职务和职称，所以他的态度不低于职业化的底线，没有更高的追求。

而第三种人知道一座神圣的教堂将会出现在自己的面前，感觉到的每一块砖，每一滴汗，每一步路都是有价值的，心中的愿景使他平凡的劳作充满了热情，相信自己的付出一定会有精彩的结局。

(三)目标是成功者与平庸者的分水岭

用简单的数学知识来说，两点之间，直线最短。假设以相同的速度行进，如果一个人看到明确的目标，努力以直线前进，可以很快地到达他的目的地；而如果一个人没有看到目标，漫无目的，曲折前行，最终可能发现，自己又回到了起点，或经过多年的辛勤努力后，却两手空空，一无所获。一个人无论他多大年龄，真正的人生之旅，是从设定目标那一天开始的，以前的日子，只不过是在绕圈子而已。

目标像分水岭一样,轻而易举地把资质相似的人们分成为少数的精英和多数的平庸之辈。前者主宰了自己的命运,后者随波逐流,枉度一生。当一个人下定决心之后,往往没什么能阻止他达到目标。一旦有了成功的渴求,就会产生强烈的使命感与责任感并为之拼搏。西方有句谚语:你想要的尽管拿去,只要付出相应的代价就行。有位哲人说:"决心攀登高峰的人,总能找到道路。"强烈的动机可以驱使人超越诸多困境,无须扬鞭自奋蹄。如果至今仍不清楚自己希望达到怎样的人生高度,那么请把你的目标写下来,矢志不渝地向着心中的目标拼搏进取,就会敏锐地捕捉到成功的契机,顺利抵达理想的境地。只有我们设定了人生目标,内心深处那个勇敢、坚定、执着、不畏艰险的自己就会走出来,最大限度地激发自己的潜能,更好地迎接人生路上的各种挑战。所以要敢于梦想,敢于制订富有挑战性的目标,才更加容易在未来的人生中获得成功。

(四)志存高远

人们常说"有志者事竟成""天下无难事,只怕有心人",可是现实情况却往往并非如此。"想干什么"与"能干什么"不是一回事,每个人的能力、天赋和悟性都有所不同,我们确立了一个目标,也未必一定就能够百分百达到,如果没有一个目标,我们更加不容易获得成功。国外有句谚语说得好:"如果连你自己也不知道你要到哪里,往往你哪里也到不了。"《帝范》有云:"取法于上,仅得为中;取法于中,故为其下。"① 所以,不管我们制订的目标是否一定能够达到,目标对我们的成功都有着重要的积极意义。

当然,除了我们自身的条件外,影响成功还有许多外界的因素,所以我们确定一个合理的目标也是非常重要的。当长期从事一件事情,却看不到一点进步、一点成功的希望,那也许就该是我们反思的时刻。结合我们的兴趣、爱好、天赋、特长、能力、条件,看看我们是否走错了路。如果走错了路,不要紧,那就慎重地寻找另外一条。

无论如何,我们不能没有目标,因为尽管我们最初确立的目标有误,在重新调整之后,我们仍有成功的希望,只不过是迟了一点。但是,如果根本就一直没有目标,那么我们未来成功的希望,就只能用"渺茫"二字来形容了。《朱子治家格言》曰:"读书志在圣贤,为官心存君国。"②

为了好好度过一生,必须明白,生活是什么以及在这一生之中应当和不应当做什么。历代贤者都曾教给人们这些道理,在所有民族中都有人教导如何过改过迁善的生

---

① [唐]李世民撰,帝范[M].呼和浩特:远方出版社,1998:213.
② 钟茂森著,朱子治家格言研习报告[M].北京:中国华侨出版社,2010:234~241.

第三章 梦想目标与个人成长

活。当刚刚开始生活的年轻人走上还不熟悉的新路时,他们会发现左右都有些不曾相识的小路,或平坦、或诱人、或令人兴奋。一旦走上这些小路,最初觉得是那么的高兴,行走便捷,以至于远远走下去,而当你想起要从这些小路上返回当初的主干道上时,已经不知道怎样返回了,便继续走下去,越走越远,直到毁灭。需求越少,生活越幸福。这是一条古老的、然而远未被所有人认清的真理。那些看上去有学问的、富有的、自称为文明人的人,应该明白,在暴饮暴食、酗酒无度和锦衣绣服方面乏善可陈;而恰恰是这些人,想方设法做出些珍馐美味、各种酒品和华美的服饰,这些东西不仅败坏了他们自己,而且还用他们的样子使劳动的人们也变得堕落。吃,应是为了活着,而活着不是为了吃。地狱就隐藏在享乐之后,而天堂就在劳动和苦难之中。只要不做不该做得事,你必会做一切应该做得事。真正的力量不在于战胜别人,而在于战胜自己,人的命运不管是怎样的,都取决于在思想中是怎样理解自己的生活。力所能及地服务大众,构成了社会生活的缩影。

　　人的素质的养成与能力的提升就像山间的涓涓细流,一点一滴地吸纳、积累,奔流不息、不弃滴水,终于汇成小溪,汇成大河,最后流入大海。虚心学习,才会不断进步。人总是从无知到有知,从懵懂到通达。哪怕蒙昧无知,只要不断地学习、行动、实践,就能培育出良好的专业素质。哪怕这种进步是多么的微不足道,只要每天能有小小的进步,长久累积下来便有惊人的成就。不要急功近利、急于求成,每天都有进步,成功快乐的人生便是如此,有不断改进自己人生的品质,不断成长、不断拓展的信念和行动,顾全大局,安定和团结众人向同一个目标行动,履行职责、践行承诺。有这样的气度和胸怀当然志向高远、胸襟博大,利用自己良好的专业素质为大众服务,人的能力大小取决于他的愿力,人有善愿,天必佑之,大学生要善于利用专业的平台开创属于自己的丰富人生。

(四)提高大学生的处事能力

1.充分的表达能力

大学生应具有口头、文字、数字、图示等形式的表达能力。重要的是,知道自己当讲不当讲的时机,《论语》中说:"可与言而不与之言,失人;不可与言而与之言,失言。知者不失人,亦不失言。"[1]

2.完善社会交往能力

学生步入社会,要能正确、有效地处理协调好社会生活中人与人的各种关系。《论语·为政》中说:"君子周而

---

[1] 杨伯峻.论语译注[M].北京:中华书局,2006:228.

不比,小人比而不周。"①意思是:君子合群而不与人勾结,小人与人勾结而不合群。职场中的人际关系比较复杂,有智慧的人一般用以简驭繁的原则来处理。

3.初具组织管理能力

大学生能从全局的角度加以协调处理好工作中涉及日常的行政、业务工作的各个环节,有条不紊地完成千头万绪、具体繁杂的工作,同时还具备一定的领导能力。《论语·子路》中孔子说,"其身正,不令而行;其身不正,虽令不从。"②意思是:当管理者自身端正,作出表率时,不用下命令,被管理者也就会跟着行动起来;相反,如果管理者自身不端正,而要求被管理者端正,那么,纵然三令五申,被管理者也不会服从的。

4.沉着解决问题的能力

包括应变能力和适应能力、操作能力及策划能力。大学生要有耐心、有毅力、有很好的应变能力,做到急而能安、缓而不缀,既忍让又不失原则,沉着冷静、灵活应变地处理问题。适应能力是其素质、能力的综合反映,要求大学生对社会、对环境的适应,是主动的、积极的适应,不是消极的等待和对困难的屈服,更不是对落后、消极现象的

---

① 杨伯峻.论语译注[M].北京:中华书局,2006:23.
② 杨伯峻.论语译注[M].北京:中华书局,2006:188.

认同。适应要同发展结合起来,要同改造联系起来。实际操作能力是人的智力转化为物质力量的凭借,是专业工作者必须具备的一种实践能力。实际动手能力的强弱,将直接影响到作用的发挥。策划能力要求大学生在日常工作中,抓住有利时机,把握有效空间,筹办和开展形式各异的介绍宣传和业务活动,使工作富有感召力和吸引力。

5. 锻炼自控能力

遇到不顺的事能否化解心头的怒气,冷静处理,是对大学生素质高低的一种考验。避免因小事而引起大错,导致工作的失误。素质发展的创新性要求,是当代人才素质发展的基本方向和核心要素。创新能力的培养,是社会发展的客观需要,也是人立足于现实的必备素质。包含多方面的内容,如强烈的好奇心,细致的观察力,深刻的洞察力,超前的预测力,大胆设想。勇于探索的精神以及提出问题、研究问题、解决问题的能力等。素质发展的个性化要求,是在强调全面发展的同时,也要注重人的个性张扬。就业竞争日益激烈,迫切需要当代大学生强化自我竞争意识,并根据社会的需要和个性特点,努力挖掘个人潜力,不断自我完善,提高个人素质。机遇总是垂青于有准备的人,一个人综合素质的高低,将决定人生选择的品位与自由度。

四、大学阶段明确人生方向

大学是人生的关键阶段。这是因为,进入大学终于放下高考的重担,开始追逐自己的理想、兴趣。离开家庭生活,独立参与团体和社会生活。不再单纯地学习或背诵书本上的理论知识,有机会在学习理论的同时亲身实践。不再由父母安排生活和学习中的一切,而是有足够的自由处置生活和学习中遇到的各类问题,支配所有属于自己的时间。

这可能是一生中最后一次有机会系统性地接受教育,建立知识基础,可以将大段时间用于学习的人生阶段,拥有较高的可塑性、集中精力充实自我的成长历程,在相对宽容的、可以置身其中学习为人处世之道的理想环境。所有大学生都应当认真把握每一个"第一次",让其成为未来人生道路的基石。在这个阶段,大学生要珍惜每一个"最后一次",将来不要让自己追悔莫及。在大学四年里,大家应该为自己编织生活梦想,明确奋斗方向,奠定事业基础。

(一)学习生涯规划

选择了一个专业,同时选择了一种独特的思考方式。专业学习与择业不相干的情况不少,但假使你热爱并最终将投身于你的专业对口行业,你应该至少能用最切中要点的话向其他专业的人描述你专业的性质、研究模式、思维特点。

与义务教育不同,大学是一个掌握更精专的专门知识技能的阶段,在酣睡、游戏、无所事事里,大把光阴就这么流走;许多人学习了四年依旧浑浑噩噩,茫然不知自己学到了什么,就随波逐流地涌入就业人潮。

1. 安其学,亲其师

《礼记·学记》中记载:"玉不琢,不成器;人不学,不知道。"[①]"故君子之于学也,藏焉,修焉,息焉,游焉。夫然,故安其学而亲其师,乐其友而信其道,是以虽离师辅而不反也。"[②]意思是:君子对于学习这件事,时刻怀藏着学习的心愿,不断地研修肄习,休息时不忘学习,游乐时也不忘学习。这样一来,才能安心学习并亲近师长,快乐地与朋友交往,信奉所学的道理,即使离开师友也不会违反所学的道理。

2. 凡学之道,严师为难

《礼记·学记》中曰:"凡学之道,严师为难。师严然后道尊,道尊然后民知敬学。是故君之所不臣于其臣者二:当其为尸,则弗臣也;当其为师,则弗臣也。大学之礼,

---

① 王梦鸥,注译. 礼记今注今译[M]. 北京:新世界出版社,2011:316.
② 王梦鸥,注译. 礼记今注今译[M]. 北京:新世界出版社,2011:318~319.

虽诏于天子,无北面,所以尊师也。"①意思是:凡学习之道,最难的就是尊敬老师。老师受到尊敬,然后道才会受到尊重;道受到尊重,然后人民才知道认真学习。因此,国君不把臣子当作臣子看待,只有两种情况:一种是当臣子担任祭祀时,就不敢把他看作是臣子。另一种是当臣子是自己的老师时,就不敢把他看作是臣子。大学的礼仪,虽然是给天子讲学,老师不必面向北方表示居臣位,就是为了表示尊敬老师。不尊师只能学点一技之长,职业之路不久就会断掉。尊师才能重道,职业之路才能走得长远,青出于蓝而胜于蓝。

3. 善学者,师逸而功倍

《礼记·学记》中记载:"善学者,师逸而功倍,又从而庸之。不善学者,师勤而功半,又从而怨之。善问者,如攻坚木,先其易者,后其节目,及其久也,相说以解。不善问者反此。善待问者,如撞钟,叩之以小者则小鸣,叩之以大者则大鸣,待其从容,然后尽其声。不善答问者反此。此皆进学之道也。"②意思是:善于学习的人,老师轻松而效果加倍,学生又从而归功于老师。不善于学习的人,老师辛勤而效果减半,学生又从而埋怨老师。善于发问的人,

---

① 王梦鸥,注译. 礼记今注今译[M]. 北京:新世界出版社,2011:321.
② 王梦鸥,注译. 礼记今注今译[M]. 北京:新世界出版社,2011:321.

好比攻治坚硬的木材,要先从容易的部位开始,然后再砍伐坚硬的关节处,等到时间久了,木材就可以分解了。不善于发问的人正与此相反。善于回答问题的人,好比撞钟,小力地敲打钟声就小,用力地敲打钟声就大,让钟声从容不迫地发出回响,然后渐渐鸣响完。不善于回答问题的正与此相反。这都是推进学习的方法。"师父领进门,修行在个人。"

4. 择其善者而从之,其不善者而改之

进了大学以后,老师只会充当引路人的角色,学生必须自主地学习、探索和实践。走上工作岗位后,自学能力就显得更为重要了。大学生对于每一个知识点,都应当多问几个"为什么"。一旦真正理解了理论或方法的来龙去脉,大家就能举一反三地学习其他知识,解决其他问题,甚至达到无师自通的境界。

事实上,很多问题都有不同的思路或观察角度。在学习知识或解决问题时,不要总是死守一种思维模式,不要让自己成为课本或经验的奴隶。只有在学习中敢于创新,善于从全新的角度出发思考问题,学生潜在的思考能力、创造能力和学习能力才能被真正激发出来。

大学生的周围到处是良师益友。只要珍惜这些难得的机会,大胆发问,经常切磋,就能学到最有用的知识和方法。《论语》曰:"三人行,必有我师焉。择其善者而从之,其不善者而改之。"①

大学生应该充分利用图书馆和互联网,培养独立学习和研究的本领,为适应今后的工作或进一步的深造做准备。除了学习老师规定的课程以外,大学生一定要学会查找书籍和文献,以便接触更广泛的知识和研究成果。有一句关于实践的谚语是这样说的:"我听到的会忘掉,我看到的能记住,我做过的才真正明白。"

在必修学分都无法从容完成的时候、不为学分可能是奢求,在越来越功利的大学校园里,至少有一次,没有作业、考试、学分负担地走进一个教室,凝神听听心仪的老师到底想要传达些什么。没有标画重点,没有考试范围,用两个小时的时间去触摸尽量多的知识、去开启尽量多的机会、去探索尽量多的可能性。或许你在那个教室门口驻足凝望的几秒钟会改变你人生的方向!

无论学习何种专业、何种课程,如果能在学习中努力实践,做到融会贯通,我们就可以更深入地理解知识体系,可以牢牢地记住学过的知识。因此,建议同学们多选些与实践相关的专业课。实践时,最好是几个同学合作,既可经过实践理解专业知识,也可以学会如何与人合作,培养

---

① 杨伯峻.论语译注[M].北京:中华书局,2006:101.

团队精神。

(二)多彩的大学生活规划

来到大学时,每一位学生首先要思考一个问题"将来会怎样?我将如何度过自己的大学生活?"同时会睁大眼睛审视现实的大学和专业。几多欢喜几多梦,几多失落几多愁。新生们是否就大学生活作出了一定的规划呢?

有关调查发现,有20%的学生有比较具体可行的大学规划,并都以书面的形式确定下来且已付诸实践。另外有38%的学生有一定的规划,但不具体完整,有的也只是在头脑里想了想而已。此外,还有42%的人根本没有对大学生活进行规划。当问及他们为什么没有进行大学生活规划时,有人说:"不知道怎么规划,也不知道规划些什么,反正想的就是该学习时学习,该玩时玩就行了,没有打算太多,跟着学校的安排走就是了。"这种思想是很危险的,大学生活必须要有一定的规划,才有方向和动力。要把学习始终放在第一的位置,学习是取得其他一切成就的基础,大学生活规划要以学习为基础,再发展自己的兴趣和爱好,以更好地提高自己的学习能力。

关于大学生活规划,不同的学生有不同的侧重点。如有人说:"我认为在大学中,把学习搞好是最重要的,尤其是学好专业知识;其次,还要多参加一些有意义的活动,积累社会经验,不断地提高自己的综合素质。"而另一位说:"在大学里,学会与不同的人相处,搞好人际关系是很重要的。另外就是充分利用学校的图书馆,多看一些与自己所学专业有关的书籍,充实自己的大脑知识储备库。在大学期间,争取多考些证书,为以后找工作多准备一块敲门砖。再就是利用业余时间找份兼职,为以后找工作积累经验。"从上可以看出无论大学规划的侧重点是什么,但多围绕着学习专业知识、搞好人际关系、为工作积累经验等,是大学生比较关心的问题。

大学教育与高中不同,没有既定的框架,也没有全班同学一致的步伐。因此,如果你还像以前一样随波逐流,只是被动的上课下课作业考试,最后往往都会茫然若失,收获甚微。趁着还来得及,早点问自己"我将来想做什么"、"怎样实现我的目标",为自己理想的职业锻炼技能、积累知识和经验,要知道,有太多人都在毕业时面对茫茫职海,才后悔自己当初的无所作为。

面向社会,练就一项技能,并不是功利,而是让自己更好地适应这个纷繁复杂的快节奏社会。大学四年,绝大多数人最终将走向社会。这时的企业、单位要求的绝不仅仅是学分,而更多的是你身上能够发挥作用的社交、专业、技术本领。所以,如果你还有时间,请花点时间让自己拥有一项让单位雇佣你的理由。

1. 与好书为友,充实大学生活

书作为知识的载体,是人类共有的精神财富。读书使人充实,可以增加素养、改造思想、增长才能。

(1)好书是有修养的人

一本好书就是一位智者,他和我们灯下交谈,能让我们一颗浮躁的心慢慢地沉静下来。如水浸润过一般,不沾染一点世俗的尘埃。拿一本书独坐在寂静无人的高楼上,细细地品读,心中如有一阵小雨在丝丝缕缕地下。那一刻,有一种感觉在发芽、长叶,最后,在雨的滋润下,含苞吐蕾,清香四溢,很有些"清水出芙蓉,天然去雕饰"的样子。

好书是哲人,絮絮低语,光风霁月清泉流水一样能鉴人身心,知天命。好书是诗人,长哦短吟,让人南山在望,清香满怀。好书是学者,博古通今,诲人不倦,让人警醒,使人自省。读书后的心,如雨洗过的青山,干净且高贵。明人陈继儒说过:"闭门即是深山,读书随处净土。"一个读得好书的人,一定是一个耐得寂寞的人,是一个清爽高洁的人,一个品行高尚的人。

(2)读好书是与最伟大的灵魂分享智慧

读好书的感觉,只能用海子的那一句诗来形容:"面朝大海,春暖花开。"书籍是人类进步的阶梯,同样也是人成长的阶梯。最优秀的书籍是一种由高贵的语言和闪光的思想所构成的财富,为人类所铭记,所珍惜,是我们永恒的伴侣,书让我们与人类最伟大的灵魂对话。

书让我们的心灵比世界大,知识才是真正的阳光和雨露,被书籍静静沐浴的心灵,才能像花朵一样的绽放。书无论以何种形式,永远向后来者昭示着文明之路,为共同的发展开拓前进的方向。岳飞在《满江红》中说:"莫等闲,白了少年头,空悲切。"

(3)好书是心灵的滋补品

在喧嚣的世界里,让我们拥有一颗宁静的心,抽空来读圣贤书。在浮躁的城市里,让我们心平气和地选择白纸黑字作为孤独时的良师益友。外表美丽固然重要,但根本的还是内在美。书是最好的滋补品,持之以恒,养成习惯,美化自己的功效绝对是显而易见的,而且是经久不衰。驻颜乏术,颐养有方,用文化支撑自己,是保持永恒魅力的秘诀。

图书馆是人类文明精华的储存地,她就在那里等着你,那些神奇的书就等你翻开。只要你走进去,只要你翻开它,一个浓缩着智慧和思想的世界大门将向你敞开。打开一本书、在图书馆里从晨露微曦到灯火阑珊,合上书本时,你的人生可能已经不同。

大学生活规划要有短期的和长期的目标。短期目标可以是一学期的或是一学年的,长期目标可以是整个大学期间的。制订了目标后,要拟定计划配合实现目标,还有就是要脚踏实地地去做,所以要有一定的生活和学习方向。对大学里的各种活动要多去尝试参与,不断接受新的挑战。为了在大学期间能够更好地完成学业,使大学生活更加充实,现在就为以后的大学生活做好完整的规划,并努力去实现这规划中的每项内容。

2. 梦想与自我突破

人凭着过去所累积出来的能力和智慧,在当下努力寻找开创生命新格局与自我突破的可能性,以便在未来活出更好、更有价值的自我,生命既是长期而持续的累积,也是不断开创与突破的过程生命就是变化,用成熟的智慧与情感取代年轻的懵懂与热情,用更有价值的人生新境界来取代逝去的童年与青春。若非如此,取代青春与热情的将是日益卑劣的欲望与野心和跟着身体一起败坏的心灵!将生命的意义看成是要去完成某种结果、达到某个境界。

如果生命是长期而持续的累积,到底要累积的是什么?累积思想的能力、情感的能力与人生的智慧,累积出愈来愈成熟的自我;累积生命里深刻、庄严的感动,累积生命的巅峰经验,累积履践人生理想与人生意义的过程,让

第三章 梦想目标与个人成长

自己在这过程中实现人生的意义、丰富生命的价值。那么,又要开创与突破什么?开创更深刻、宽广的思想、情感与人生的智慧,突破自我的限制与重复;开创更深刻、庄严的人生视野与感动,突破自己对大自然、艺术与文学的体验,再创更高的生命巅峰经验,开创更高、更广、更深刻的生命格局,突破狭隘贫乏的生命意义。

人生的意义与生命的价值就是不断开创、突破与累积的过程!孔子说:"朝闻道,夕死可矣。"① 又说:"吾道一以贯之。"很多人因此误以为人生有个神秘的道理或终点,只要看见它就可以死而无憾。

其实人生就像一趟为期很短的旅游,我们真正的收获不在终点,而在沿途一点一滴的累积——我们希望在异地体验到不曾有过的满足与感动,我们希望在旅途中得到新的启发与领悟,我们希望这趟旅行的每一天都有新的收获,每天都过得值得,没有虚度。但是,人生不可能那么完美,每天都有满满的收获;务实地说如果在回国的前一天回顾整个旅程,不管我们错过多少原本希望能看到的美景、名画与伟人的故居,不管有多少景点是见面不如闻名,只要旅途中的收获够丰富,就可以心满意足而无须遗憾。人生也一样,七八十年的人生迟早会结束,临终的那一刻

---

① 杨伯峻.论语译注[M].北京:中华书局,2006:51.

回顾过去,在大自然、文学与艺术里得到过足够的满足和感动,从历史上各种伟大人物的生平和作品里体验到他们生命中最辉煌灿烂的巅峰经验,对人性与人生累积出各种觉察与洞悟,并且做过许多有意义、有价值的事,这样就足以告慰一生。人生的意义与价值没有简单的答案,它靠的不是一朝一夕的顿悟,而是一辈子持续不断地自我突破与累积。

一个人只要能够不断开创生命的新局与自我突破,就可以不受既定成见的束缚,与日俱进地增长智慧,而获得心灵的自由,并且持续不断地累积、提升生命的意义与价值这样不断自我突破与开创生命的新局,远比漫无目标追求一时一刻的顿悟更踏实,也更容易实践。

生命的意义与价值不在于功名利禄等身外之物,去扩展他对人性与人生的省思,思索人在各种不同自然、社会、经济条件之下,不同的理想和现实,以及如何开创这个社群的人生价值与意义,从而进一步打开他的人生视野。他照样可以在过去累积的基础上继续自我成长,不跟过去割裂,也无损于人生的乐趣与满足,照样可以在自我成长的过程中充实他的生命价值与人生意义。功名利禄可以用来暗示一个人在特定社会脉络下所发展出来的能力与外在的资源,却无法用来等同于人最核心的自我,或者生命最核心的价值与意义。

很多人活了一辈子,只有财富、权位与功名等身外之物有持续的累积,但内在的自我却一再重复过去,始终不曾超越自己十五岁时的格局不曾看见比功名利禄更高的人生意义与价值,不曾体验生命里深刻、庄严的感动,不曾发展出更深刻的情感能力和人生的智慧,也不曾突破狭窄的人生视野。活着,如果只有外在的累积,而不曾在思想、情感、智慧上持续不断地开创新境与突破自我,那是一种生命的浪费。生命是人所能拥有最宝贵的东西,除了用它换取自我成长、自我突破与理想实践之外,不该用它换取更廉价的东西,否则就是在浪费生命、糟蹋生命。"以命博钱"的人把生命当作比金钱更低贱的东西,那是因为无知。但是,一个人怎么会用宝贵的生命去换取廉价活着,而不敢去追求理想,也不曾在思想、情感、智慧上开创新境与突破自我?因为他不敢靠自我成长来肯定自己,只想要仰赖别人的掌声来安抚卑怯的信心。

3. 追求梦想是人一生的成长方向

人如果会觉得生命空虚、乏味,那是因为找不到可以激起自己热情的理想或自我实现的目标,因此只能在现实世界里一再重复既定的生活模式,再也找不到人生的新意,找不到可以激起热情的理想、憧憬与盼望。生命变成

一潭死水,困死在现实的泥沼里,而人生也因无止的重复而变成愈来愈乏味的苦劳。很多人在年轻时被长辈口中的现实吓坏了,抛弃各种的热情与理想,汲汲营营挤名校、争夺经济与社会上较有利的地位,巩固好基本的现实之后继续拼命往上爬,生怕掌声消失之后不知道要靠什么过活。终于到了四十岁,现实中可以成就的都已经成就了,却没有传说中的幸福感,反而因为一成不变的生活模式而愈来愈厌倦、无聊;偶尔偷窥一下鲜少去探问的内心世界,只觉得里头空洞、寂寞,甚至愈来愈虚无。看着身边的人不择手段地往上爬,觉得既愚蠢又恶心;但是问自己要的是什么,却说不出个名堂,甚至连上一次的热情激荡是多少年前都已经记不得了。

现实已经乏味,梦想却不知道在那里,有时候觉得这样活着还不如继续在现实里无知的打混,但是又不甘心那样浪费生命。怎么走出这个困境?

梦想与热情应是人一生持续的状态,在人六十岁的时候能读年轻时读不懂的书都开始读得懂,年轻时想不透的同题一个个容易想得通,甚至做事的能力也远比以前强,因此活得比年轻时更自信、自在、从容。

假如年轻时为了"养家活口"而屈就现实,逃避理想和自我,成年的最大好处就是有足够的积蓄和经济能力使自己免于现实的烦恼，也有足够的能力和人生智慧去完成年轻时没有能力实践的梦想，或者去探究年轻时无法体会的人生意义和价值。追求理想和自我永远不嫌晚，宁可太迟也不要一辈子不曾开始。

除了现实的财富权势之外，人生还有什么更值得追求的？让自己有能力追求超乎现实之外的价值，活出自我，而不是一辈子委屈地活在现实的小小泥沼里。除了有一辈子够用的财富，我们更渴望从大自然与文学、艺术中获得愉悦和满足，让你所关心的人变得更幸福，并且看见值得不计得失去追求的人生意义与价值，用一生的履践过程让自己有信心说："这样的人生，值得！"其次，我们也渴望拥有人生的智慧，有能力安顿各种嫉妒、懊恼、悔恨、忧虑等负面的情绪，也有能力跟发生在自己身上的各种遭遇、命运坦然共处。自我实现又是为了发展出攸关人生幸福的能力，养活自己和家人的能力，欣赏大自然、艺术与人文思想的能力，爱的能力，追求人生意义与价值的能力，安顿嫉妒、忧虑、贪婪、懊恼、悔恨等负面情绪的智慧，以及坦然面对命运的能力。反讽的是，当一个人畏于现实而不敢去追求理想与自我实现时，就无法得到完整的人生幸福。为了现实而牺牲理想，一点儿都不划算也不聪明。其实，追求理想与安顿现实并非冲突。

《菜根谭》中记载:"德者才之主,才者德之奴。有才无德,如家无主而奴用事矣。"一个人的品德是才学才干的主人,而才学才干只不过是品德的奴隶而已。一个人假如只有才学才干而没有品德修养,就等于一个家庭没有主人而由奴隶当家。"量弘识高,功德日进,德随量进,量由识长,故欲厚其德,不可不弘其量,欲弘其量,不可不大其识。"一个人的品德、气度、经验三者是不能分离的,因为品德随着气度的宽宏而增长,大学生素质与能力也会随着丰富的生活历练与人生经验的积累而提升。走到金字塔尖的人几乎无不经历过痛苦挣扎,被绝望碾压又重拾梦想的日子。

寻求人生的意义和目标对于人的成长来说是很重要的。人生的意义并不会自动地被赋予,而是自己主动思索和选择的结果。发现自己的价值观,并思考它们是如何获得的、是否能通过自己的经验和思考确认它们,而且这个过程需要用整个人生去完成。如果对自己的价值观很有把握,那么也同样会对新的生活经历表现出开放和灵活的态度,可以成为通向自我成长的一个有用的途径。

第四章　大学生家国情怀与个人成长

第四章　大学生家国情怀与个人成长

一、缘起

一个有家国情怀的人,才能不断成长。如果心灵被金钱所捆绑,那注定被物欲所奴役,就会不快乐。"上善若水,水善利万物而不争。"① 人有一颗谦卑的心,就可以包容身边的人,接纳人的弱点,同寝之间小小的摩擦,经过若干年后会变成温馨值得珍藏的画面。修身作为"齐家、治国、平天下"之本,为身边的人做一件力所能及的事,时隔多年后,同学聚会时仍然念念不忘的手足情深。同学间和谐相处,创造一个好的学习生活的氛围。悦纳自己,有度量接受不能改变的事情,有勇气改变可以改变的事情,有智慧来分辨两者的不同。和气、厚道地对待生活中每一个

---

① 陈鼓应,注译.老子今注今译[M].北京:商务印书馆,2003:444.

有缘人。帮助他人、成全他人,就是帮助自己、成全自己。人生最好的初衷,是与人与事,如蜂蝶与群花共舞,彼此成全。一个有家国情怀的人,内心一定很温暖,有力量。当别人有困难的时候,伸出援手。自己有困难的时候,别人也会伸出援手。到什么年龄就做与年龄相符的事情。该就业时就业,该结婚时结婚,承担家庭责任和社会责任,做一个有朋友、有追求、有目标、有理想,能融入国家发展战略,拥有国际视野的社会主义新时代大学生。

二、爱自己是成长的源泉

心中有爱的人,一定有力量,很温暖。为了不去体验对爱的需要,我们可以让自己变得冷酷,可以封闭自己,可以孤立自己,绝不接触别人,可以拒绝信任别人,拒绝把自己变得脆弱,可以坚持认为我们是根本不可能爱的。无论我们怎么去做这样的事情,都要付出代价。

(一)学会喜爱和欣赏自己

在咨询中间及来访者喜欢自己什么地方的时候,他们时常会感到惊讶,看上去局促不安。如果对他们说:"如果你最好的朋友在这里,他们怎么描述你?""他们会认为你具备什么特征?他们为什么选择你作为朋友?"那么,他们会更容易谈论如何积极地看待自己。

有人认为谈论自爱是自我中心的表现。我们只有学会如何喜爱自己,才能应对在爱别人和允许别人爱我们。我们不能给予别人自己不曾拥有的东西。如果能欣赏自己的价值,那么,就更能接受来自别人的爱,甚至包括去爱一个敌人。自爱是爱别人的先决条件:"如果你还不能爱你自己,你将不能去爱你的敌人。但当你能够爱你自己的时候,你就能够爱任何人。"

爱自己并不意味着夸大自己的重要性,或者把自己置于别人之上,它意味着要尊重自己,即使自己并不完美。关心自己的生活,并努力变成自己想要成为的人。

许多人都强调自爱是爱别人的条件。在《爱的艺术》中,弗罗姆(1956)将自爱描述为尊重自己的完整性和独特性,并声称自爱不能和爱以及对他人的理解分离。我们经常问那些只付出而难以为自己索取的来访者:"你值得为别人如此无私地付出吗?""如果你自己的井干枯了,你又怎么能去给予别人?"不能给予别人自己还没有学会和体验过的东西。穆尔(1994)写道,那些努力获得别人的爱的人之所以不能成功,是因为他们没有意识到他们必须首先像爱别人一样爱自己,然后才能够得到别人的爱。随着我们学会越来越尊重自己,我们也增强了接受他人想要给予的爱的能力;与此同时,我们也拥有了去真正爱别人

的基础,关心自己和关心他人是有很大关联的。

(二)真实的和虚假的爱

真实的爱让自己和所爱的人变得强大。爱意味着我去了解所爱的人。我会认识到别人的许多方面,不仅仅是美丽的一面,还有缺点、矛盾和瑕疵。我能够知晓别人的感受和思想,而且我会体验到那个人内心深处的一些东西。我能够穿过伪装和角色去看他人更深层的一面。爱也需要我们让他人了解。有意义的自我表露对建立恋爱关系是必要的,特别是袒露自己更深层的方面。

爱意味着我在乎我所爱的人的幸福并主动表现出对别人的关注。如果我的爱是真实的,那么我的关心不应该让别人感到窒息。相反,我的关心应该对我们两者都有所提高。如果我在乎你我会关注你的成长,而且我会希望你变成你所能成为的人。我们不仅仅是谈论我们多重视对方。我们的行动显示了我们的关心和关注,这比任何词汇都更有说服力。我们都渴望为对方付出。我们关心对方的幸福,渴望看见对方得到满足。

(三)爱意味着尊重

爱意味着尊重我所爱的人的尊严。如果我爱你,我能把你看作一个独立的人,一个拥有自己价值观、思想和情感的人,我不会坚持让你放弃个性而成为我想要你成为的人。面对你的独立,我不觉得这是威胁。我不会把你当成一件物品或让你完全满足我的需要。

爱意味着对我所爱的人负责。如果我爱你,我会对你的需求作出回应。这种责任不是说我的做法会让你觉得你不能自己做好这件事。这实际上意味着我承认我和我的所作所为影响了你;我很关心你的快乐和悲伤。"真爱包括责任意识和接受另一半原本的一面,无论是长处还是弱点。如果你仅仅爱一个人最好的东西,那不是爱。真爱意味着接受别人的弱点,并且带着耐心和谅解去帮助这个人转变。"

(四)爱能让人成长

爱能够让我爱和爱我的人成长。如果我爱你,我会因为我对你的爱而成长。你能够激励我更加完全地变成我能够成为的样子,并且我的爱也会提高你的生存状态。我们因为彼此照顾而成长;我们都共享着使我们受益的经历,这种经历是不会从我们的生活中减少的。

爱意味着对我所爱的人作出承诺。对他人的承诺是有风险的,但是,承诺是亲密关系所必需的条件,这意味着作出承诺的人已经将他们的将来投资在了一起,而且他们愿意在面临险境和冲突时与对方待在一起。承诺需要人们愿意在痛苦、疑惑、挣扎、绝望以及冷静和享乐的时候愿意与对方待在一起。尽管某些人很难在恋爱当中作出长期的承诺,但如果他们认为这种恋爱关系只是短暂的,那么,他们又能在多大程度上允许自己被爱或使自己变得脆弱？或许对于某些人来说,对亲密的恐惧阻止了他们发展出承诺意识。爱和被爱既让人兴奋也让人害怕,我们可能必须在这个问题上抗争,那就是我们能够容忍多少焦虑。

爱意味着我是脆弱的。爱会使你对我变得重要,因为我害怕失去你。你能够伤害我,同样我也能够伤害你。没有什么能够保证我们的爱会持续。我对你的爱意味着我想要与你共度时光,并将我生命中有意义的方面与你分享。

爱意味着信任我所爱的人。如果我爱你,我会相信你将接受我的关心和爱,不会故意伤害我。我会相信你觉得我是迷人的,并愿意和我在一起。我相信我们的爱是互相的。如果我们互相信任,我们会愿意向对方敞开心扉,退去伪装并袒露真实的自我。

(五)爱意味着相信自己

爱意味着相信我自己。在恋爱当中很重要的是去信任我爱的人,但是我信任自己的能力也同样重要。实际上,如果我对自己的信任动摇了,就不会去相信你想要与我分享的爱。

爱允许不完美的存在。尽管我们的恋爱关系有时会变得紧张,我们也想要放弃,但我们都试图安全渡过这些挑战性的时期。真爱并不意味着完美的幸福状态。我们记得我们曾经共同经历过的事情,也能够想象我们即将共同经历的事情。

爱是无条件给予的。我对你的爱不会因为你是否能够满足我对你的期望而改变,真正的爱不是说"当你变得完美或当你变成我所期望的那样时,我才会爱你"。真正的爱不是有条件的,爱应该具备无条件的特征。

爱是广阔的。如果我爱你,我会鼓励你走出去发展其他的关系。虽然我们互相的爱和承诺会阻止我们与其他人的某些行为,但我们并不是完全地紧密结合在一起的。只有虚假的爱会将两个人像这样黏合在一起,以至于他或她没有空间拥有其他有意义的关系。

爱意味着尽管我的生活需要你,但我在没有你的时候也能够活下去。如果没有了你生活就没有意义,那么,你将会面临许多像待在那里陪我这样的要求。如果我爱你,然后你又离开了,我会体验到巨大的失落感,但我不会被击垮。如果我在我的生活意义和生存上过度依赖你,我将不能自由地挑战我们的关系,这绝不是一个关于爱的好信号。

爱意味着认同我所爱的人。如果我爱你,我就能够移情于你,通过你的眼睛看这个世界,并认同你。这种亲近不是说持续在一起,因为距离和分离是恋爱关系的组成部分。距离能够加强恋爱关系,而且它也能帮助我们重新发现自我,由此我们才能够通过新的方式互相结识。

爱需要去发现我所爱的人的潜能。如果我爱你,我就能够把你看成是你能成为的人,同时仍会接受原来的你。歌德的话就与此有关:"如果认为人们只能像原来一样,那么,我们会使他们更加糟糕;如果把他们当作是他们应该成为的那样的人,我们就能帮助他们进步。"

爱意味着放弃完全控制我们自己、别人和环境这样的幻想。我越是想要完全控制,我越会失去控制。爱意味着放弃控制并敞开于生活事件当中。它意味着你在多大程度上会使人感到惊讶的能力。

越是了解自己的文化,越可能了解其他的文化。如果你对自己的文化背景和价值观有所理解,那么,你就有了接受其他文化价值观的基础。而且,了解的文化越是丰富,越有可能和他人建立起积极的联系。

很多人错误地认为,多样性的文化只是指一个人的种族或民族,广泛地说,文化包括人与人之间和代代相传的那些知识、语言、价值观和习俗。在各种各样的文化中,我们既有个体的身份,也有群体的身份。文化是让我们类似于一些人区别于一些人的东西。很明显,在当今的世界,我们受到了不断变化的、越来越多的文化的影响整个世界都会变得更加相互依赖,我们也更加需要理解不同的文化,和它们建立联系。

三、诚信是个人成长的土壤

《论语》中曰:"人而无信,不知其可也。"①在构建社会诚信方面,孔子提出"自古皆有死,民无信不立"②,所以,培养坦荡荡的,心胸开阔、仁民爱物、"仰不愧于天,俯不怍于人"③的君子,就成为实现社会和谐、天人和谐的基础。正如整个身体的健康和谐来自于身体的各个器官之间的协调运作,而每个器官的健康来自于构成器官的每个细胞的健康,社会的和谐也是来自于社会最基本组织——家庭的和谐,每个成员的真诚是家庭和谐的来源。因此,诚信是个体成长的土壤。

在人际和谐方面,孟子总结人类社会中人伦关系的发展规律,提出了著名的"五伦"学说,即"父子有亲,君臣有

---

① 杨伯峻.论语译注[M].北京:中华书局,2006:28.
② 杨伯峻.论语译注[M].北京:中华书局,2006:109.
③ 万丽华,蓝旭译注.孟子[M].北京:中华书局,2016:298.

义,夫妇有别,长幼有序,朋友有信"①。

(一)父子有亲

首先我们看一看父子之间的关系。在我们的社会中,时时刻刻存在着父与子之间的关系,这个关系并不是圣人制定并让我们去遵守的,而是父子之间的一种自然的亲情。为了使这种自然亲情顺着"亲"的方向发展,并且保持一生而不改变,中国古人就去观察怎么样才能做到这一点。后来他们观察到,只有做到了"父慈子孝",也就是父母慈爱教导儿女,儿女赡养孝顺父母,才能将父子亲情保持一生。

(二)君臣有义

"君臣有义"所表明的,是领导者与被领导者之间的一种关系。在中国古代,这种关系主要体现为君臣关系。领导者与被领导者之间有一种自然的上下级的关系,怎样使这种关系保持和谐呢？领导者必须对属下有仁爱之心,不能因为自己是领导,就可以对属下呼来唤去,甚至不把他当人看,这样做就错了。而被领导者呢,只要将领导交给自己的任务尽心尽力地加以完成,就是尽到了忠心。所以只有做到了领导者仁慈,下属忠诚,这个上下级之间的

---

① 万丽华,蓝旭译注.孟子[M].北京:中华书局,2016:114.

关系才可能是和谐的,而不是对立和冲突的。孔子说:"君使臣以礼,臣事君以忠。"①孟子继承并发挥了孔子的这一思想,他说:"君之视臣如手足,则臣视君如腹心;君之视臣如犬马,则臣视君如国人;君之视臣如土芥,则臣视君如寇仇。"②日本的企业家松下幸之助之所以被誉为"经营之神",就是因为他把这种"君仁臣忠"的理念运用到企业管理中,创下了儒家式的企业经营之风。

(三)夫妇有别

"夫妇有别"是指夫妻对于家庭的职责有区别。这个别并不是地位上的差别,而是职责上的差别。就是丈夫要承担创造经济收入的职责,而妻子要承担教育儿女的职责。那么只有丈夫做到了有恩义、有道义、有情义,妻子有良好的美德,"夫义妇德"能够做好,夫妻之间才是和谐的关系。

1.夫妻相处之道

夫妻是一家的天吉星,以爱为根。整个家庭的建立都是以爱为根,没有爱无法建立的家庭,爱是成家的第一条件。有缘爱一个人,首先要了解对方的本分。爱的标准:真爱无私,觉爱无架(价),博爱无条件,实爱无成见。真

---

① 杨伯峻.论语译注[M].北京:中华书局,2006:41.
② 万丽华,蓝旭译注孟子[M].北京:中华书局,2016:172.

爱无私：尊重对方，不给对方添麻烦。觉爱无架（价）：不抬高身份，不把爱当作买卖。明白对方好处，赞叹对方好处；理解对方的难处，原谅对方的过失。如对方有过，能启蒙指导对方改过。博爱无条件：不管人，不束缚对方。给对方自由权。实爱无成见：真信不疑，不要怀疑对方。能做到这些，就会家和万事兴。

爱是和谐的缘起，也是和谐的总纲，没有爱不可能建立和谐的家庭。夫妻结合有三因缘：第一，是为了生活上互相照顾，互相关心；第二，是为了生儿育女，传宗接代，为世界留下一个好的人根；第三，是为了更好地关心和照顾双方的父母，让老人放心、欢喜。夫妻之间要做到相互补漏，而不是互相埋怨。

老人无德，一家灾殃；子女不孝，没有福报；男人无志，家道不兴；女人不柔，把财赶走。老人要宣扬家风，父母要示范家风，夫妻要掌舵家风，子女要继承家风，孙辈要顺受家风，兄弟姐妹要竞比家风。道德是天地的规律，本分是个人的规律，我们违背了规律，人就有灾难了。

我们的社会中，家庭问题往往错综复杂。而归根到底，总是在"夫妻"两个字上。夫妻之间多有冲突，而最大的冲突便源自男女之间的差异性。我们总是对男女之间的差异分辨不明，混淆甚至颠倒了两者之间的关系，势必造成家庭关系的紧张。事实上,代表力量和勇气的男人应当承担起支撑家庭外部的责任,去征服世界;而代表心灵智慧的女人需要支撑的是家庭内部,支撑男人本身,并征服自己所爱的男人。征服了他,女人便也征服了世界。忽视了这些差异,便会导致家庭不和睦,产生矛盾冲突,甚至导致婚姻破裂。

有着闯荡和奋斗天性的男人,总是在外打拼,所以回家后便希望妻子能给自己一个温馨的、充满爱情、充满和谐的家。倘若在外饱受风雨和压力的男人在回家之后,还要承受家庭的压力,那么终有一天他会无法忍受,无法和妻子长期生活下去,他们之间的婚姻必然会破裂。

在承受着巨大外界压力的男人眼中,回归心灵,回归家庭便是最幸福的事。回家,感受家的温馨,便是他想要的全部。因此,拥有心灵智慧的女人一定要明白,家庭的幸福其实握在自己的手上。将家庭经营得幸福一点、温暖一点,收起不必要的压力,同时尊重男人,这才是婚姻的长久之道。

2. 男人做个好丈夫

现在,越来越多的男人已经能够同时表达出他们性格中的阳刚和阴柔,但仍有很多男性还在以传统的男子气概作为自己模仿和学习的目标,那种与传统男人的典范相冲突的行为方式给男人带来的压力越来越大,于是很多男人付出了全部的努力去保持一个可以为社会大众所接受的男性形象,结果却迷失了自己。

如果男人拒绝接受内心真实的自我,并按照一个并不真实的自我形象生活,他将付出什么样的代价呢?首先,他会丧失对自己的感觉,因为他关心的是怎样按照一种应该的男人行为方式去生活。他们隐藏了自己的孤独、焦虑以及对感情的渴望,结果使得他们很难像自己真正渴望的那样来爱自己。

男人属阳,阳即无私。无私就是表达对一家人的爱。有私心就会暗中做违背良心的事,令全家烦恼,这种不是好男人。

男人要"刚"。刚不是打人骂人,打人骂人的男人是无能的男人。"刚"是不但不打人骂人,而且被骂也不回答、不反驳、不烦恼,如如不动,被骂也不动性(不发脾气)才是刚。顺逆当头,安然自在,做到就是大丈夫。男人分有三夫:弱夫、暴夫、丈夫。弱夫也叫懦夫,撑不起家庭。唯唯诺诺,说而不做,不敢担当事情,把女人推到前面,专听女人指挥。暴夫则非打即骂,不讲道理。不明白自己责任所在,所以才敢胡作非为。

丈夫则勇于承担一家的责任,以理服人,一家人有过错反过来自己生惭愧心。为人丈夫,要从"三纲"上定住位,三纲是指性纲、心纲、身纲;不动禀性(不发脾气)为性纲;不起私欲为心纲;没有不良嗜好为身纲。生气是性纲倒;骂人是心纲倒;打人是身纲倒。"纲"是领的意思,必须要把女人领在道上,上孝公婆,中和妯娌,下慈儿女。男人是一家的栋梁,要能明理,有志气,领妻不管妻。男子汉大丈夫要说话算数,一就是一,二就是二,说到做到。做不到就不要说,说话不算数就没有尊严。如果男人做到位,则家中少灾难;如果男人做不到位,则家中多灾多难。

3. 女人做个好妻子

当代女性正越来越多地对以前那些根深蒂固的观念进行着质疑,同时也抵抗着继续遵从传统性别角色的巨大压力。现在,她们正从事着以前不允许妇女从事的各项工作,更多的女性走出了家庭,走上了工作的岗位,她们同时也在争取与男性同工同酬,女性越来越多地开始为自己的工作优先权考虑,同时也在挑战那些传统上的女性职位。尽管当代妇女可以在一个更大的范围内选择她们想从事的工作,但在工作和事业的领域中,女人要想改变传统上的角色,仍然有很多阻力。

很多女性在自己获取独立的工作职位之前,都想方设法地保持婚姻关系,并抚养子女,许多人试图在抚养后代和保证工作之间,甚至更多的事情之间寻找一种平衡。我们这个时代的一个特点就是女性越来越具有双重身份,同时是主妇和上班族。同时扮演好这两种角色往往给女性造成冲突。尽管一份工作会满足多数妇女对家庭以外的追求和需要,但这样会明显增加她们的负担。除非她们的丈夫愿意和她们分担日常的家务劳动和照料孩子的工作,否则,这些妇女往往会感到不堪重负,疲惫不堪。主妇的工作往往不容易被注意,缺乏成就感,还很浪费时间。有些妇女希望自己能同时扮演完美的上班族、母亲和妻子的角色。简言之,她们希望自己是女超人。按照完美主义者制定的标准来生活会让女人付出沉痛的代价。那些感受到了完美主义压力的女性,会很愿意对自己做事的先后顺序进行重新评估,并决定今后应该怎样生活。实际上,很多女性都已经意识到,她们只是无法在工作和家庭责任之间进行平衡,对于那些什么都想做的女人来本说,女人可以拥有这一切,但绝对不是同时拥有。

女人要柔和,安详笑容,和一家的人缘。如水一般随圆就方,合五色调五味,原质总是不变。随遇而安,随贫随富,可高可低,如水能养育万物,又不与万物相争,处在最低的地方,低矮就下,常认不是,是为女人的本分。女人多事,男人无声;女人不柔,家财不旺。不要刚暴,不要急躁,

第四章 大学生家国情怀与个人成长

不要啰唆多嘴,更不要去管男人的事,应助夫不累夫。

为人妻,首先定住位,才能助夫成德。上孝公婆,中和妯娌,下教儿女,全都是自己的本分。不怕苦,不怕难。做事也不生气、不埋怨、不后悔。所思所想的都是如何报老人之恩?如何和睦妯娌,如何教导儿女?心存全家的好处,所行之事,自然处处合道。以不动秉性为主,还要化除禀性,圆满天性,方能厚德载物。

女人有三妇:悍妇、弱妇、媳妇。女人刚暴,管着男人,精神上欺压男人,说话像打雷一样,非常强悍,一手遮天,叫悍妇。这种家庭阴盛阳衰,丈夫会未老先衰,甚至夭亡,生下来的小孩也不中用。女人什么事也不做,全部依赖丈夫、依赖父母,叫弱妇。女人好吃懒做,怨天尤人是一家的扫把星,悍妇和弱妇都不是媳妇。媳妇的意思是平息一家的不和,做和睦一家的吉祥使者,对人人平等、和气,齐满一家的福气。媳妇当性如水,性如水要知足常乐,意为根,托满家,和颜悦色。使丈夫无内顾之忧,能报效社会,立身行道,扬名显亲。不但治家如此,即在社会工作,也能恪守本分,建功立业。才能家道长久,福禄长享。一个家庭是否安乐,是否安静,是否兴旺发达,妻子的作用是非常重要的。女人是国之母,家之妇,人之妻。女人能做一个性如水的妻子,家庭美满。

我们生活在一个变迁的时代,男人和女人都在重新定义自己的角色,而且都在努力去掉旧有的性别角色刻板印象对自己的影响。但是,在学习新的思考和行动方式时,我们没有必要互相争执,而是应该耐心地互相帮助。在培养超越性别的移情能力时,我们都面临着挑战。不管是男人还是女人,在面对别人时都应该保持开放的心态,而且要想从传统,僵化的性别角色刻板印象中解放出来,就必须首先改变自己对其他人的态度。当男人和女人都深入地关注自己那些根深蒂固的观念时,往往会发现情感蒙蔽了自己的理智,使自己不能客观地看待性别角色的问题。

4. 性别角色的超越

性别角色的超越包括超越固有的"阳刚气概"和"阴柔气质"的固定角色,体现出一种个性的综合,以便于在面临不断变化的情境时能够随机应变。根据巴索(1992)的观点,双重性别特质也许是人们在通向性别角色超越的道路上能够迈出的第一步,但这不是唯一的,也不一定就是最好的一种个人改变的方式。巴索建议说,在界定健康的个人功能时,应当抛开与性别有关的特质。巴索说:"当性别角色的超越发生的时候,人就是人,每个人都有自己心中的正义,根据自己的情况来做出判断,并决定是否接受。"

当个人超越了固有的性别角色及其刻板印象的限制

时,他们会体验到一种独特的感觉,因为每个个体在能力和兴趣方面都是不一样的。超越之后,个人的性格特点也会从生理性别中脱离出来。那些提倡性别角色超越的人认为,这种体验将会使个体的行为方式从与特定性别的联系中解放出来。他们还认为,如果不是人们这么强调性别在个人特点上的区分作用,每个人的能力和兴趣都会获得更好的发展,每个人也都能够更加自由地发展他们独特的潜能。

(四)长幼有序

"长幼有序"就是指一个家庭之中,兄弟姐妹的出生有一个自然的顺序,根据这种自然的顺序,要求兄长要做表率,要友爱,引导弟弟妹妹,而弟弟妹妹对于兄长的教诲,要恭敬,要听从。只有做到了"兄友弟恭",兄弟姐妹之间的秩序才是和谐的。

(五)朋友有信

最后一种伦理关系就是"朋友有信"。在社会上与平等的人交往的时候,必须遵守的道德原则,那就是要做到诚实守信。

在这五种伦理关系中,儒家没有抽象地谈论所谓的平等,而是根据客观存在的伦理关系的特征,明确了处于不同关系中、不同地位上的人的责任特征。只有这些人都主动承担了相应的责任,人伦关系才可能和谐。这五种人伦关系,在任何一个社会、任何一个国家、任何一个时代,都是最基本的伦理关系,只有这五种基本的伦理关系处理好了,整个社会的人伦关系才可能是井然有序的。

在人与自然和谐方面,儒家很早就认为,人是大自然运行的一分子,人应当顺应宇宙发展变化的规律和秩序,这集中表现在中国古代的"天人合一"的思想中,其基本含义是天道与人道、自然与人为的统一。

这一思想可以溯源于《周易·乾卦·文言》,其中写道:"夫大人者,与天地合其德,与日月合其明,与四时合其序,与鬼神合其吉凶。先天而天弗违,后天而奉天时。"[①] 大自然的运动有一定的规律性,人的活动也应有一定的规律性,只有在不违背客观规律的前提下充分发挥人的主观能动性,才能争取到最好的结果。只有顺应以和谐为特征的宇宙秩序和发展规律,保护大自然和生态环境,才会减少或避免天灾人祸,最终有益于人类自身。因此,儒家在关于天人关系的思想中,讲究"天时地利人和",主张因人成事,因地制宜,因势利导,顺应自然,与自然相通相依,协调一致,和谐共处,要求人与自然和谐发展。

以"天人合一"为代表的儒家文化始终关注人与社

---

① 杨天才,译.周易[M].北京:中华书局,2014:8~10.

第四章 大学生家国情怀与个人成长

会、自然的协调,并以看待"人"的眼光审视、关怀自然万物。这种精神所代表的是一种涵盖社会和自然的朴素而辩证的人文关怀。它提倡天人合一,万物一体,认为人和自然万物是一个和谐的统一体。因此,按照这种思想,培养一个人美好的德性,对他人、对环境常常心存爱护的善意,将达到净化人心与净化环境的统一。

国学大师季羡林先生95岁生日时,时任总理的温家宝看望他。说到"和谐"这个话题。季羡林说:"有个问题我考虑很久,我们讲和谐,不仅要人与人和谐,人与自然和谐,还要人内心和谐。"无独有偶,南怀瑾也说过:"现代人到底要什么?在内心深处你曾经问过自己吗?如果问过,你满意自己的回答吗?现代人面临最大的问题,是要克服心灵深处的混乱,追求内心平静的境地。"两位大师的理念何其相似,现代社会的物质水平远比文化水平发达,或者说人在精神上的脚步已经追不上物质发展的脚步了,要想保持平衡,必须要保持内心的和谐与平静。2012年央视新闻频道进行了"你幸福吗?"的调查采访。记者们分赴各地采访包括城市白领、乡村农民、科研专家、企业工人在内的几千名各行各业的工作者。"你幸福吗?"这个简单的问句背后蕴含着一个普通中国人对于所处时代的政治、经济、自然环境等方方面面的感受和体会,引发当代中国人对幸福的深入思考。每个人都有自己的回答,或幸福,或不幸福,或期盼幸福,或不知是否幸福。对于幸福与否,幸福是什么,没有肯定的回答,一切都源自个人内心对于现阶段生活的评定,可以说,内心和谐的人往往过得幸福。

内心和谐,就是能坦诚地对待自己;能平静且正确地对待所见所闻、所处的境遇;能把过去、现在和将来放在同一水平线上;能平静对待困难、挫折和荣誉;能和善处理自己与他人、个人与组织、个人与社会之间的关系。我们可以把内心和谐看成是一种素质,认知健全,品质完善,明白事理,知荣明耻,不欺人,不自欺。同样,内心和谐也是一种能力,守正心灵,控制情绪,心无旁骛,追求卓越。内心和谐更是一种境界,勇于争先而不计名利,品格高洁而不孤芳自赏,刚正不阿而不刻意逢迎。

生活的"吃、穿、住、行",工作的"难、易、奖、贬",感情的"苦、笑、离、聚",这大千世界展现给我们的永远是多姿多彩的崭新一面,和谐待人,和谐修己,做一条潺潺溪流,清澈喜人,充满活力。

四、孝行天下

(一)先学做人,后学做事

《大学》上说:"知所先后,则近道矣。"① 做任何事都有一个先后的次序,是不能够颠倒的。教育的正确次序就是《三字经》上所说的"首孝悌,次谨信",就是要先培养起一个人正确的为人处世的原则,然后才让他学习知识和技能的东西。用现在的话来说,就是要先学做人,后学做事。为什么要坚持这样的顺序呢?因为一个人如果对父母长辈谦恭的态度还没有树立起来,即使学习了很多的知识技能,那么他学得越多越骄傲,学得越多越不把父母和老师放在眼里。当他参加工作以后,也不会把领导放在眼里,他在人生中已经无形地给自己设置了很多的障碍。

1. 孝为万行之源

(1)养父母之身

《论语·为政》上记载,当子游问孝时,孔子说:"今之孝者,是谓能养。至于犬马,皆能有养。不敬,何以别乎?"② 意思是说,现在的所谓孝子,认为能赡养父母,就尽到了孝道,但是,养狗、养马也同样是养,如果我们仅仅是

---

① 王国轩,译注.大学·中庸[M].北京:中华书局,2006:3.
② 杨伯峻.论语译注[M].北京:中华书局,2006:19.

赡养,而不尊敬父母的话,怎么样能够把养父母和养狗、养马区别开来?《礼记·祭义》上也讲:"孝子之有深爱者,必有和气,有和气者必有愉色,有愉色者必有婉容。"①侍奉父母,重要的是子女要从内心发出对父母的尊敬之情,保证父母在精神上感到欣慰,使他们心情愉悦。养与敬相比,敬是更根本的。因此《礼记·祭义》中曾子说:"孝有三:大孝尊亲,其次弗辱,其下能养。"②《孟子·万章上》中孟子也说:"孝子之至,莫大乎尊亲。"③

(2)养父母之心

养父母之心,就是不能让父母担忧。要做到"父母唯其疾之忧",也就是父母仅仅对你的疾病而担忧,完全没有必要为其他任何事情而担忧,这才是个真正的孝子。如到学校读书,功课不好,让父母担忧,就是不孝;不敬老师,和同学不能相处,让父母担忧,就是不孝;步入社会,工作不认真负责,让父母担忧,也是不孝。可见,一个常常怀有孝心的人,就几乎是一个完人了,绝不会因为违法乱纪、贪污受贿等问题而锒铛入狱,使父母家人蒙羞。这就是《弟子规》上所总结的:"身有伤,贻亲忧;德有伤,贻亲羞。"

---

① 王梦鸥,注译.礼记今注今译[M].北京:新世界出版社,2011:408.
② 胡平生,张萌,译注.礼记[M].北京:中华书局,2017.
③ 万丽华,蓝旭,译注.孟子[M].北京:中华书局,2016:204.

(3) 养父母之志

《孝经》上讲的:"立身行道,扬名于后世,以显父母,孝之终也。"父母养育儿女,也希望儿女能够对社会有所贡献。如果儿女能够用自己的能力、学识,为社会大众作出贡献,就是养父母之志。所以,孝不只限于父子关系,还须扩大到家族亲戚之间,如《礼记·坊记》提出,"睦于父母之党,可谓孝矣"①。孔子主张"入则孝,出则弟",即在家孝敬父母,出外尊敬长者,把家庭敬老观念推广到了社会。自汉代以来,儒家的尊老、爱老、养老的伦理观念牢固地扎根于家庭,风行于社会,"老吾老以及人之老"、"事诸父,如事父"成为人们奉行的行为规范。儒家伦理要求人们不仅要孝敬自己的父母,而且也要用同样的感情去敬爱别人的父母,所以大孝者孝天下的父母,是更高层次的尽孝。

(4) 养父母之慧

至孝是养父母之慧,一个人到晚年的时候纵使有钱也不见得快乐。我们常常看到很多老人家很有钱,但是每天还幻想有一千万、二千万,有了一千万看到别人有一千二百万,自己又不舒服了,常常都活在患得患失的烦恼当中。所以孔夫子曾经提到人生有三戒:"少者戒之在色,壮者戒

---

① 王梦鸥,注译.礼记今注今译[M].北京:新世界出版社,2011:458.

之在斗,老者戒之在得。"①人老了最忌讳患得患失,其实这个"得"就是贪,贪这个、贪那个。

别人的孙子又怎么样了,常常生活在这种情绪当中,很难快乐,很难知足。这个时候我们可以善巧方便,趁父母心情比较好,开始引导他,这些执着要懂得放下来,告诉父母钱够花就好,家财万贯每天吃多少,还不就一日三餐。纵使有很多间房子,躺下去之后还不是夜眠六尺而已。所以人生要知足常乐,让父母一些贪念能够慢慢放下来。更重要的是要引导父母接受圣贤教诲,让他的心能够安住在圣人的智慧中,晚年就会愈走愈清净,愈走愈自在。当父母亲的晚年能如此,我们的孝道就做得更圆满。

2. 德者本也,财者末也

《周易》上说:"蒙以养正圣功也。"②"蒙"是童蒙,童蒙养正是说小孩的时候要培养自己的正知正见,刚进入社会的人也要培养自己的正知正见,奠定德行的根基。因为祖国的未来就掌握在大学生的手里。如果一个人没有德行,纵然他有科学知识,将来必定会形成让社会混乱的一种力量。而且他越有科学知识,就越危险。社会上流传着这样一句话:"有才无德是危险品。"我们要培养的是有

---

① 杨伯峻.论语译注[M].北京:中华书局,2006:246.
② 杨天才,译.周易[M].北京:中华书局,2014:22.

第四章　大学生家国情怀与个人成长

德、有才的大学生。现在的社会普遍都强调功利、强调竞争,都以"利"作为行为的准则。如果这个事情有"利",大家就趋之若鹜去做了。如果没"利"可图,大家就都不愿意干。久而久之,在"利"面前,人们就会忘记了道义。不能用这种欺骗的行为,来满足自己的欲望。

《大学》上讲:"德者本也,财者末也。"①财富就像一棵树的枝条、花叶很美,它的根是要在土地里。根扎得深,这棵树的枝条、花叶才能得以长久。人的根本是什么？是德。德是根本。有德的人,自然就有财。无德的人,贪不义之财反而很快就会家破人亡,倾家荡产。因此,孩子从小就要给他培植道德理念。而道德的根本,是孝道！

《孝经》上讲:"夫孝,德之本也,教之所由生也。"孝顺父母是一切道德的根本。一切的圣贤教育,都从孝开始教起。孝是根基,一个人懂得了孝,他的德就展开了,他的人生态度就能得到提升了,幸福也就随之而来。

当我们迷惑的时候,就会看到别人都是错的,就自己一个是对的,样样都要挑别人的毛病,自己的父母都变成对立不能交流的人了,由于有这些隔阂,代沟也就随之产生。而当我们一念觉悟的时候,用圣贤的教诲改变自己的心态,看到别人其实都是好人,原来是自己有毛病,错的是

---

① 王国轩,译注.大学·中庸[M].北京:中华书局,2006:31.

自己。反求诸己以后,以忏悔的心原谅、宽恕别人,对他人的爱心也就随之生起来了。这个时候才发现,妈妈是爱我的,爸爸是爱我的,所有的人也都是好人。其实,妈妈还是原来的妈妈,同学还是原来的同学,是自己的观念一变,一念之间离开苦恼的世界,进入到幸福快乐的世界里了。

任由着自己的习气、秉性来成长,长大以后,习气已经变得根深蒂固了,当她走入社会中,在单位里跟领导、跟同事的关系,一定不可能处得好。以后结婚了,跟先生结合在一起,又怎么可能有幸福快乐?常常都是看别人毛病,自己任性。以后如果结婚生了孩子,这个孩子能教得好吗?要知道一个孩子的成长,如果没有良善的教育,吃亏的绝对不只是这个孩子,他会影响身边很多的人,影响到孩子的下一代。

当我们有优良品德的时候,自然就能够召感幸福的人生、成功的事业,能够在社会上立于不败之地,无论走到哪里都能受人尊敬。孔子教学,四门教育,第一是德行,第二是言语,第三是政事,第四是文学。四门教育首重德行教育。虽然行行出状元,但只有在德行和言语成就了以后,所从事的政事,即行业,才能够真正成功。因为事业有根,将来才能够发达。文学是讲文艺、精神生活方面的情趣、爱好。同样因为有了德行,在情趣爱好方面,精神境界才能高尚。

3. 先天下之忧而忧,后天下之乐而乐

宋朝宰相范仲淹,是一个非常有德行的人,也是一个非常合格的父亲。范仲淹两岁的时候,就失去了父亲。他的母亲改嫁到一个朱姓人家。当范仲淹长到二十多岁的时候,朱家的族人排挤他,就把他的身世给抖出来了,范仲淹才知道原来自己是范家的。于是他就到范家去寻根,认祖归宗。但是范家人开始就是不允许他进来,经过范仲淹苦苦哀求之后,范家才勉强答应范仲淹改了朱姓,重新姓范。

他发誓要重振范家,于是就拜别了自己的母亲。他对母亲讲,我现在要去读书,将来考功名,可以为天下百姓做一些事情。母亲你等我十年,十年以后来接你。于是就佩着古剑,带着古琴、书籍离开了朱家,到了一个书院里面苦读。因为范仲淹心里有很高的志向,所以他读书非常的用功,每天都是"三更灯火五更鸡"。五年之内都是晚上睡觉不脱衣服,闻鸡起舞。吃饭更是非常简单,煲一锅粥,冬天冷,就把粥冷冻起来,然后切成一块块的,一餐吃一块配一点咸菜末。咸菜称齑,这就是著名的"断齑画粥"。后来也是形容读书人勤苦的一个成语。

有一位同学,看到范仲淹生活如此艰苦,生了同情心,

送了一些美食给他。过了好多天,这位同学又来看范仲淹,看到那些美食还原封不动地放在那里,碰都没有碰。范仲淹每天还是吃稀粥咸菜。同学就问他了:"为什么我送给你的美食你不肯吃?"范仲淹说:"今日吃了你的美食,他日就吃不下'齑粥'了。"范仲淹就用这种清苦的生活,来砥砺自己的心志。

有一次,他跟同学们去外面玩的时候,遇到一位相命先生。大家都请先生相命。范仲淹就请教这位相士说,您看我将来能不能成为一个良相。他想要当宰相。算命先生看着他沉默了一下,笑着说你这个孩子口气也太大了,怎么想做宰相?听相命先生说话的意思,好像当宰相没有指望,于是范仲淹就改口说,既然我将来做不到良相,那您看我能不能当个良医呢?又要当医生。这个相士就觉得很奇怪,因为古时候医生跟老师的行业,都是很清苦的,收入也很微薄。老师教学生不会开口要学费,学生根据自己的家境,愿意给多少就给多少。医生也是如此,给人看病是应该的,救死扶伤是医生的天职,绝对不会开口向患者要钱。虽然生活都很清贫,但是受到全社会人的敬仰,因为他们有德行。

这个相士觉得很奇怪,为什么他刚开口想当"一人之下,万人之上"的宰相,现在从荣华富贵,一下掉到了当医

第四章 大学生家国情怀与个人成长

生这么清贫的一个行业。范仲淹就告诉他说:"良相可以救人,良医也可以救人,如果我当不了良相,是没有当宰相的命,就不能帮助天下百姓,那也要做一个医生,为世人救死扶伤。"这位相士听到范仲淹的这番话非常的感动、敬佩,就说了一句:"您是真宰相之心也。"你虽然现在不是宰相,你的心已经是宰相了。

后来,范仲淹苦读八年之后考中了进士,当了官,后来真的做到宰相。他做了官以后,马上信守诺言把他的母亲接来奉养,原来他对母亲说等他十年,现在八年就成就了。要知道这种成就,是他的孝心所感召的,是他为天下人服务的那种爱心所感召的。

家乡有一个寺院,过去范仲淹曾经在这个寺院里读过书。有一天,他在一棵树下看到一个洞,一挖竟然挖出了一坛白花花的银子。虽然当时范仲淹生活非常清苦,但是看到这一坛白银,他的心丝毫不为所动,立即把这坛银子又原封不动地埋回了原处。这件事情过了很久之后,范仲淹已经做了大官。有一天,寺院里来人找范仲淹,因为寺院要修复,需要些银两,所以来求他帮忙。范仲淹批了一个文,让这个人带回去,告诉他:"就在你的寺院里,一棵大树底下,你们挖出一坛白银,那些银子足够你们用了。"结果这个人回到寺院里去挖,果然挖出一坛白银。

范仲淹先生年轻的时候如此清苦,但是看到一坛银子却丝毫没有动心,也正因为范仲淹先生绝对不因利益而动心的这种德行,才能使他有这样成功的人生。而成功以后,仍然保留这个志向,一生都过着清寒的生活。范仲淹没有将家产传给儿女,而是把家产全部布施给贫寒的人。他在自己的家乡苏州西元办义学,匡扶传统文化教育。当时有风水家说:"你的家乡西元是一块风水宝地,将来会代代都有人做官。"范仲淹听到这样的话说:"既然是块风水宝地,怎么可以只为我一家独占呢?应该把它捐出来为国家培养人才,让整个国家得益。"所以就捐出来兴办义学,为当时宋朝儒家文化的振兴作出了很大的贡献。司马光讲:积财给子孙,子孙未必能守;积书给子孙,子孙未必能读。不如积德给子孙,用阴德来庇荫子孙,唯此才真正是替子孙着想。

《弟子规》讲:"凡是人,皆须爱,天同覆,地同载。"[1]这种爱心根源还是在于他的孝心。将对父母的爱,扩展到对天下人就是大爱。范仲淹一生做官,建功立业,走到哪里都受到百姓的欢迎、爱戴。虽然他一生四上四下,但是绝对不会因为自己暂时的不得志而忧虑,他的千古名篇《岳阳楼记》,"不以物喜,不以己悲","先天下之忧而忧,后天

---

[1] 冯国超.弟子规[M].北京:商务印书馆,2015:62.

下之乐而乐",这样荡气回肠的名句,正是他老人家胸怀广博大爱的真实写照。

(二)谦德之效

《周易》中谦卦,艮下坤上,艮为山,坤为地。山比地高得多,但是这个山很谦虚,愿意下于平地,而不是高高在上。比之于人事,便是一个人不居功自傲,不过分显露自己的才华,推崇他人,便能成就谦德。系辞说:"谦,亨,君子有终。"①

真实的谦虚绝对不虚伪,那是一种曾经沧海难为水的淡定从容。至平凡处,反而有不凡的境界和人品。一个人总要经历过,才能知道谦逊谦虚,保持一颗平常心,善待生活中的不如意,才能到达处处顺利的谦的彼岸。真正谦卑虚怀的人,即使遇到挫折困难,也会一生平安。谦卑虚怀的人,也许从不显山露水。

谦不仅仅能明哲保身,而且还是积极进取的条件。只有肯谦让的人,才挺得过非常时期,陪得住非常之人,才能办成非常之事。正因为懂得谦让,才能在险恶的处境中平安无事。而且,还能曲线进取,作出有利于大局、有利于大众的功绩。所以,这样的人物,才够实力和耐力悲悯他人,

---

① 杨天才,译.周易[M].北京:中华书局,2014:66.

尽可能地照顾那些需要帮助、处于弱势的人群。

能够真正领会强大而不骄横的人的精神世界,才能真正了解"学问深时意气平"的真实谦和。真实谦和谦虚,就可以亨通顺达,这样的人可以得到终身的成就。高耸雄伟的大山愿意隐在平地之下,这是真实的谦和谦虚。

真实的谦虚是要建立在很深刻的生活体悟基础之上的,只有强而谦才是真实的谦虚,小瞧自己、仰视别人的"谦"是不正常的,平等而平常地看人看己才是真谦虚,曾经是"高高山顶立",而今"深深海底行"的谦,不是那种肚子里实在没货被迫的"谦"。"高耸的山峰隐在平地之下"来表达真实谦虚的精神。时时如意处处顺利的"谦",绝不是浅薄无能的人可以达到的。

(三)达到忘我之境,才能做到极致

庄子在《达生》篇里,讲了一个木匠的故事,梓庆削木为鐻,鐻成,见者惊犹鬼神。鲁侯见而问焉,曰:"子何术以为焉?"对曰:"臣工人,何术之有?虽然,有一焉。臣将为鐻,未尝敢以耗气也,必齐以静心。斋三日,而不敢怀庆赏爵禄;斋五日,不敢怀非誉巧拙;斋七日,辄然忘吾有四枝形体也。当是时也,无公朝,其巧专而外骨消。然后入山林,观天性,形躯至矣,然后成见鐻,然后加手焉;不然则已,则以天合天,器之所以疑神者,其是与!"①意思是:鲁国有一个木匠叫梓庆,他的主要工作是做祭祀时候挂钟的架子,并在上面雕饰猛兽。他把这件事做到了"见者惊为鬼神",看见的人都惊讶无比,以为鬼斧神工。这事传到了鲁侯的耳中,他召见了梓庆,想问一问他其中的奥秘。梓庆对鲁侯说:我准备做这个的时候,不敢损耗自己丝毫的力气,而要用心去斋戒。斋戒的目的,是为了"静心"。斋戒到第三天的时候,我就可以忘记"庆赏爵禄"了。斋戒到第五天的时候,我就可以忘记"非誉巧拙"了,也就是说,大家说我做得好也罢,做得不好也罢,我都已经不在乎了,也就是忘记名声了。到第七天,达到忘我之境。我可以忘记是在为朝廷做事了。大家知道,为朝廷做事心有惴惴,有了杂念,就做不好了。这时,我就进山了。静下心来,寻找我要的木材,观察树木的质地,看到形态合适的,仿佛一个成型的就在眼前。我就把这个最合适的木材砍回来,顺手一加工,它就成为现在的样子了。

木匠斋戒七天,其实是穿越了三个阶段:忘记利益,不再想着用我的事情,去博取一个世间的大利;忘记名誉,不再想着大家的是非毁誉对我们有多么重要;忘记自己,人其实只有达到忘我之境,才可以做到最好。

---

① 傅佩荣.傅佩荣解读庄子[M].北京:线装书眉,2006:257.

第五章 大学生的事业情怀与个人成长

一、缘起

不同的人生,有的绚丽,有的平凡。绚丽让我们品味绽放的热烈,平凡让我们品味朝阳与落日的从容。不管绚丽还是平凡,生命对于我们每个人只有一次。生命是地球上最珍贵的财富,世界因生命的存在而变得如此生动和精彩,丰富多彩的生命装扮了美丽的世界。如果想生活在一个丰富多彩的世界里,就需要每一个人,去关爱与呵护周围的生命,因为我们是同住地球家园的朋友。肯定生命,尊重生命,珍爱生命,才会恍然惊觉生命深处对光阴的柔情,过好生命中的每一天。人身难得犹如大海中的盲龟遇浮木孔,龟百岁一出头,尚有入孔之时,做人的机会难过于龟,如今已得人身,一定要好好珍惜。人的生命因为智慧而闪烁着夺目的光彩。生活是一篇昂扬的乐章,也是一幅

第五章 大学生的事业情怀与个人成长

精美的画卷。要用怎样的音符韵律来吹奏弹唱,用怎样的色彩线条来铺陈渲染?有心之人一生都在寻求生命的意义,热爱生命,品味生活。

大学是探究人生意义的最佳时期。高中时心智不够成熟,对人生的意义顶多只能有懵懂的启蒙,而很难更加深入;离开学校之后,很多人都很快地要成家立业,接着扛起一家重任。因此,在大学期间能对人生各种值得追求的领域、意义与价值的体会,往往也就决定了一生的胸襟气度与人生的格局。探索人生的各种意义与价值,印象最深而效果最大的莫过于亲自接触各类师者的生命风采。而大学最可贵的地方就是有各种不同特质与人格风范的学者,引导年轻人去探索各种社会与人生的角度,让年轻人可以在这环境里寻求最让自己向往,和自己的禀赋最相亲和的发展方向,从而打开自己的人生视野,看见值得自己追求的方向。同样是上大学,一些人是因为学习能为自我发展创造机会,能多掌握知识;一些人主要是为了能促进事业的发展;还有一些人是因为上学就可以不做其他选择,澄清自己读书的原因非常有助于人生规划。

二、大学生的事业情怀

孔子在《论语·为政》中用简单的几句话来概括自己

一生的经历和他做人、处事、做学问的经验："吾十有五而志于学,三十而立,四十而不惑,五十而知天命,六十而耳顺,七十而从心所欲,不逾矩。"①生活是一种博弈,不去规划人生,就会被人生规划,也有很多人是走一步看一步,走了几十年发现自己好像还是在原地兜圈子。虽然人生道路并不是尽如人意,但是如果干脆没有规划意识,没有目标的话,那就不要奢求成功了。生涯规划倒推法是指着眼于长远,避免过于功利,发现真正想要追求的目标。站在设定目标的基础上,根据这个目标往回推算所应该经由的路径,这种生涯规划才是比较切实可行的方案。如六十岁退休时候的目标是什么？根据这个愿景往前推,五十岁该做什么,四十岁该做什么,三十岁,二十岁,一直倒推到现在该做什么就很清楚了。每个人其实都有潜移默化地在心中想过自己的人生规划,也许这只是一个很模糊的意识。

(一)工作中拥有一颗纯净的心灵

面对同样一件事,我们可以有非常多的心态。如果我们选择了包容和安详,我们的日子就在包容和安详的状态;如果我们选择慈悲,我们的日子就在慈悲的状态;如果我们怨恨,我们的日子就在怨恨的状态;如果我们嫉妒,我们的日子就在嫉妒的状态。

---

① 杨伯峻.论语译注[M].北京:中华书局,2006:16.

第五章 大学生的事业情怀与个人成长

所以人应当仔细观察各种不同心态所过的日子是"好日子"还是"坏日子"。当我们通过观察和学习,了解了各种心态和行为决定现在和未来的苦乐时,我们就会自觉自愿地走上修养身心的道路。有什么样的心就过什么样的日子。如果此时我们对人对事有仇恨心,我们就过着地狱的日子;如果我们此时对人对事的心是善良、美好、纯净的,我们就过着天堂的日子。工作就是心灵在职业舞台中演出的舞姿。

一位对生命的真谛有深刻体认的人,对别人有着善意,那么他周围的人也会尊敬、接纳他,并且也怀有善意,它和所拥有的权势、名利、地位几乎毫不相干。一个内在贫乏的人,不管在外表上有多么足以夸耀的权势、名利与地位,他会知道自己的贫乏,他的亲人也会知道,甚至他身边的朋友也都会知道。可以愚弄马路上的陌生人,却愚弄不了自己,以及身边朝夕相处的人。因此,与其要靠权势、名利与地位去换得周围人的肯定与尊敬,还不如努力去累积自己的人生智慧和对人的善意。

钱只不过是工具,而不是人生的目的。经济的发展是为了让人可以免于现实的困扰,而对人生有更好的选择。理想比现实有更好的可能性,因此没有理想就不可能有幸福,而顶多只有物欲和虚荣心的满足。我们可以牺牲一点现实的成就,以便增加一点家的温暖,也给自己的心灵一点呼吸和成长的空间,让自己更多一点幸福。

如果想让大多数人都接纳你、肯定你、对你怀着善意,其实在工作中要做的,只不过是对别人时时怀着善意而已。只有善意可以换来善意,只有真诚地待人可以换来别人真心的敬重。假如希望认识的人对自己有善意,最重要的是首先对别人怀着善意。

在世间,人人都羡慕天堂般的生活,也都在拼命地追求着天堂般的处境和种种受用,可是很少有人注重培养天堂般的心灵。很多人将自己的住处装修得竭尽豪华,犹如宫殿,可是当烦恼起来时,照样过痛苦的日子,豪华的住处丝毫也改变不了其痛苦的现状。所谓天堂实际上就是指自己的心。

(二)工作是一种心态的体现

在中国古人看来,教育的目的是"长善救失",忽视了这个功能或目标,即使是高等学府,只能培养出一些只会做事而不懂做人的、人格思想不健全的人,这样的人是无法实现齐家、治国、平天下的理想。正如马丁·路德·金指出:"一个国家的前途,不取决于它的国库之殷实,不取决于它的城堡之坚固,也不取决于它的公共设施之华丽,而在于它的公民的文明素养,即在于人们所受的教育,人们的学识、开明和品格的高下,这才是利害攸关的力量所在。"

在传统文化中,道德不是强加于人的外在东西,而是符合人性的美德,是每个人自我发展的内在需要。对于道德修养与心理健康的关系,孔子提出"君子坦荡荡,小人长戚戚"[1]的论断。《说文解字注》也讲:"德者,得也。外得于人,内得于己。"有德的人就是得"道"之人,外在地看是得道多助,内在地看是安宁心灵。工作在和谐的人际氛围之中,有利于发挥蕴藏在心灵深处的巨大潜能。

(三)吾日三省吾身

"人认识自己是最难的",正所谓"不识庐山真面目,只缘身在此山中"。认识他人、认识客观世界的时候,自己是认识的主体,这些外物都是认识的对象,而当人在认识自己的时候,就需要既把自己当成认识的主体,同时又主动地把自己当成认识的对象来加以反思。

孔子的弟子曾子说:"吾日三省吾身:为人谋而不忠乎?与朋友交而不信乎?传不习乎?"[2]就是说,他每天都从这几个方面多次反观自己:我为人做事是不是做到了尽心尽力?和朋友交往是不是做到了诚实守信?老师教给我的东西,是不是都温习并且在生活中去应用了?因为他每天多次反省自己,就很容易发现自己的缺点。

---

[1] 杨伯峻.论语译注[M].北京:中华书局,2006:109.
[2] 杨伯峻.论语译注[M].北京:中华书局,2006:4.

(四)行有不得,反求诸己

《孟子》中说:"行有不得者皆反求诸己。"①意思是说,我们做事如果没有成功,应当马上反过头来从自己身上找原因。孔孟所称道的尧舜禹汤等古代的圣人,都是这样"行有不得,反求诸己"的楷模。商朝的汤王,在自己洗脸的盆子上面刻了一段话:"苟日新,日日新,又日新。"②时时督促自己要不断进步。

在人生的旅途上,人们往往背着两个包袱,一个包袱上写着他人的过失,另一个包袱上写着自己的过失。然而走人生之路的时候,人们却往往把写着他人过失的包袱放到胸前,而把写着自己过失的包袱放在了背后。所以很多人无论怎么样看也看不到自己的过失,但是一低头,却很容易看到别人的过失。

既然人认识自己是最难的,而现代人又缺少这种自我反省的能力,那么自己可能有一些心理上的消极因素,有一些不健康的心态,自己却还没有意识到。一个人如果过分关注自己的利益,就会有烦恼和压力。当从"我能得到什么"的观念转向"我能给予什么"的思维方式时,不仅会减轻烦恼、焦虑和压力,而且会取得意想不到的积极效果。

---

① 万丽华,蓝旭,译注.孟子[M].北京:中华书局,2016:150.
② 王国轩,译注.大学·中庸[M].北京:中华书局,2006:9.

简而言之,只有放弃自私自利、名闻利养的观念,才能真正摆脱无形的束缚,得到心灵的解脱和自由,做到"心纯净,行纯善",工作的压力和烦恼自然也就大大地减轻了。

三、力行近乎于仁

很多人说"爱让人生有了意义",但是恋爱的甜蜜只能让人陶醉一时,无法给我们度过一生所需要的全部意义。

意义并非来自于享受,而是来自于改善世界的行动;只有通过我们的辛勤劳动,让自己、家人和这个世界因为我们的存在而变得更美好,人生才会显得有意义。我们希望为爱付出,乐意为爱受苦,希望通过自己的努力让自己、亲人和这个世界变得更好。

(一)带着爱工作可以改变世界

爱需要创造、需要行动、需要改变这个世界,使这个世界因自己的存在而变得更美丽。只有在为了值得奋斗的目标而奉献牺牲时,爱才会显出它最积极的意义。

老一辈的人一辈子费尽心力在养家活口,却反而活得实实在在,不需要再有其他的人生意义。表面上他们活得像动物,没有任何理想和精神世界;骨子里,他们却通过自己辛苦的劳力而确实改善子女和配偶的生活,让下一代有机会得到比自己更好的生活。传统的婚姻和家庭没有浪漫的爱情做基础,维系它的是在付出过程中看见爱的积极意义。

即使到了今天,爱仍然必须通过无私的付出,才能创造出积极的意义。金钱是生不带来死不带去,为何还要不惜代价地追求自己绝对用不到的财富?人们追求的是自我实现,财富只不过是自我实现与自我超越的表征,而非人生的目的。

"自我实现"让我们有能力看见这个世界更深层的一面,因而有能力跟这个世界有更深层的接触。春天来的时候,有些人可以从空气的湿润、阳光的柔美、草地的芬芳,乃至于隐匿在草丛里的小野花中全面性地感受到春天的气息,但有些人却对这一切毫无感觉。面对历史上丰富的人文遗产,有些人可以感受到曾经激动过前人的各种人性的苦难与尊严,深刻地体会到人性的各种内涵,但是有些人却对此一无所知。

很多人误以为活在同一个世界,事实上每一个人都活在自己独特的世界里。不同的树有不同的枝叶、姿态和花卉,因此各有各的独特风味与神情。

每一个人都有一个他自己独特的思想所能理解或者情感所能体会的世界。自我成长或自我实现的真谛,是去发展我们在思想或情感上的能力,使得我们所能感受、理解的世界因此扩大、加深,跟这个世界有更全面而深层的互动接触。在这个自我成长与自我实现的过程里,发现这个世界最动人的一面,发现人性的高贵与尊严,学会尊重自己、肯定自己,以及节制自己,使自己从冲动的奴隶变成欲望的主人。

通过这个过程,更透彻地看见作为一个人的价值,也有能力通过自己的作为减少这个世界的痛苦,让它变得更美好,在这过程中充实了自己的人生意义。

财富、学位、头衔和权位都更像是"身外之物",跟最有价值的"自我"无关。财富和权位若用来济贫与改善这个世界,就可以发挥它的积极意义;学位与声望若来自于自我成长的副产品,实至而名归就没什么好质疑。真正的"自我实现"是发挥潜能中较好的可能,节制不好的可能,是让自己成为一个更值得肯定与尊敬的人。

(二)老吾老以及人之老,幼吾幼以及人之幼

儒家文化中对"自我"的认识,是一个整体的概念,不仅仅关系个体,而且关系其他人,关系整个社会。人的自我实现是一个不断提升自己的道德品质,并且通过承担各种社会责任创造社会价值的过程。

中国传统的价值观是以"仁爱"为核心,而儒家关于"仁"的教育,始于家庭,建立在"孝悌"这个根本基础之上。也就是说不仅能够回报父母的恩德,能够友爱兄弟姐妹,还要把这种感情推而广之,来关心我们身边的每一个

人。所以这个"孝悌"之心向上提升,那就是"互爱",也就是《论语》所讲的"四海之内皆兄弟也"。[①]

不仅要对别人有关爱的情感,当别人需要帮助的时候,还要切实地给予帮助。所以互爱之心向上提升,就是"互助",这也就是《孟子》上所讲的"老吾老,以及人之老;幼吾幼,以及人之幼"[②]。这种互爱互助之心再向上提升,那就是《礼记·礼运》中所讲的"大同世界"。其中记载"大道之行也,天下为公。选贤与能,讲信修睦,故人不独亲其亲,不独子其子,使老有所终,壮有所用,幼有所长,矜寡孤独废疾者,皆有所养"。[③] 在这个"大同世界"中,人们不仅仅只关爱自己的父母,也关爱他人的父母,不仅仅只疼爱自己的儿女,也疼爱他人的子女。老年人可以得到赡养,壮年人能够为社会所用,幼年人能够得到良好的教育,健康成长,那些鳏寡孤独残疾者,也就是老弱病残幼等弱势群体,都能够得到赡养和帮助,这是我们传统理念中所向往的和谐社会的境况。

终生在印度救济贫民的德雷莎修女(Mother Teresa of Calcutta,1910—1997),她在全球所获得的肯定、尊敬与善意,远远超过比尔·盖茨和英国女皇,她的生命历程让人

---

① 杨伯峻.论语译注[M].北京:中华书局,2006:174.
② 万丽华,蓝旭,译注.孟子[M].北京:中华书局,2016:16
③ 王梦鸥,注译.礼记今注今译[M].北京:新世界出版社,2011:192.

体认到爱对于濒死穷人的积极意义,因为在修女的爱里,穷人感受到自己卑微的价值也被肯定,因而让他们拥有做人的价值与尊严。虽然没有人能彻底扫除印度的贫穷,但她可以抢救眼前每一个生命的尊严与价值。她愿意为眼前每一个濒死的穷人服务,而不去计较她照顾不到的人有多少,因为她看得见这一份"爱"的价值!在给予爱的过程中,也充实了自己生命的价值。

(三)工作之道无他,求其放心而已矣

近年社会开放,什么事情都主张公开公平,但公平不等于一模一样。学生也有机会参与学校的行政工作,然而虽有参与的份儿,但学生的本分仍是把书读好。校长亦要尊重和聆听学生的意见和诉求,但学校的管理和最终的责任还是由校长来承担。世间事本是相对的平等,不是绝对的平等。

所以在选择工作时,应知工作无分贵贱,只要明白自己的强项、缺点和喜好,努力去做终获成功的。古时,有一位军医在战场上不断医治伤兵,医好后他们再被派回战场,如果受伤再回来就医。如此过了一段时间,军医觉得医好了的伤兵最后还是死在战场,觉得失去工作意义,便放弃工作,跑到山上跟从禅师耕种劳作,经过了一段宁静的生活,军医醒觉,便说:"我是医生,工作就是医人。"于是愉快地回复他的工作岗位。活在当下,保持觉醒,内心便能得到平安与祥和。

《快乐是一种习惯——106岁的快乐法则》一书中记载了新加坡许哲女士的故事。许哲女士已经110岁了,她一生过得很健康也很快乐,她说因为在她小的时候,看到她母亲所做的一件事,母亲做了一桌丰盛的饭菜,一群衣衫褴褛的人,向母亲讨要一点饭菜吃。当她看到没有吃饱饭的人能够吃到一顿丰盛的饭菜时,脸上所露出的那种喜悦、那种满足感,她忽然感受到帮助别人是一件很快乐的事情。从此以后就奠定了她一生为人处世、待人接物的原则,用一生的时间去做帮助别人的事业。印证了中国古代经典《周易》上的一句话,那就是"积善之家,必有余庆;积不善之家,必有余殃"。① 当有人问起她的长寿秘诀的时候,许哲女士这样说:"我最高兴的一件事,就是看到我所帮助的人,他们脸上露出了笑容,那我也会为这种笑容所感染,所以我每一天活的都很开心,没有烦恼,因此会长寿。"

研究人员发现,从心理学的角度看,乐于助人可以激发人们对他的友爱和感激之情,他从中获得的内心温暖缓解了他在日常生活中常有的焦虑;从免疫系统的角度看,常常行善也有益于人体免疫系统的健康。

---

① 杨天才,译.周易[M].北京:中华书局,2014:14.

第五章 大学生的事业情怀与个人成长

在中国古人看来,人性本善,人性中有一种先天向善好德的潜能,不由自主的恻隐之心,表明了人性中有一种先天向善的能力,而人只要充分发挥这种能力,就可以达到高尚的境界了。《中庸》有曰:"率性之谓道。"①这个"率",就是让我们顺循着而不是违逆自己的本性去做,这样就可以与道相通了。

孟子说:虽然人性本善,但是人也会去作恶。然而人之所以去作恶,并不是因为本性不善的缘故,而是因为人不注意保存自己本有的良心,又受到了外界环境的不良影响和熏染,结果久而久之就把自己本有的良心给迷失了。

实际上,生活中的每一个人,都有先天向善好德的潜能,我们只要注意保存自己的良心,并且把自己放逸的心找回来,就可以达到道德高尚的境界了。因此孟子曰:"学问之道无他,求其放心而已矣。"②意思是说提高自己的道德品质、道德修养,这个途径和道路其实没有什么奥妙的,只不过是把自己放逸的心,或者说是丢失了的良心找回来罢了。所以在中国古人看来,人性都有一种先天向善好德的潜能。所以人如果做了错事、做了坏事,就会感到惴惴不安。这也说明一个真正心理健康的人,必定是一个道德

---

① 王国轩,译注.大学·中庸[M].北京:中华书局,2006:46.
② 万丽华,蓝旭,译注.孟子[M].北京:中华书局,2016:255.

高尚的人。

在现实生活中不以善小而不为,不以恶小而为之,良好的习惯都是从一点一滴做起的。每天应该做哪些事,不应该做哪些事,什么时候应该做哪些事,不应该做哪些事,怎么做好,中国古典文化的熏陶,对我们树立正确的世界观、人生观和价值观,以增强自己的审美底蕴和人文意识都是非常有益的。

工作的过程是一个自我认同的过程,逐渐对自己的职业有认同感,真正对一个人产生有益的影响,那就需要时间了,对自身产生影响则是一个潜移默化的过程。工作不仅是一个提高个人修养的过程,更是一个思想升华的过程。对一个人的成长来说,是十分必要的。爱周围的人,爱上所从事的工作,热情地为在工作中出现的每个人服务,这个社会才变成和谐的社会,这个世界才变成和谐的世界。

四、知耻近乎于勇

意义感也让人愿意承受生命中一切的苦难。一个人,只要自觉到他对于一个等待着他的挚爱亲人有一份责任,或者对一件尚未完成的事负有使命,就没有能力抛弃他的生命。他知道他"为什么"必须要活着,因此不管是"如何"活下去,他几乎都能够忍受。

当一个人找到自己的人生目标时,他就可以忍受各种痛苦,并且在迈向这个目标的过程中获得满足,而不见得还需要再去追求别的快乐。反之,当一个人找不到他活下去的意义时,即使给他世上一切的财富、名望和权势,也无法解除他活着的空虚与痛苦。

所以人生最重要的不是追求快乐与逃避痛苦,而是追求意义。当一个人觉得自己一生所做的事都很有意义时,这就是一种幸福。

如果人做了错事,做了违反自己本性的事情,就会感到不安,就会感到心里很烦躁。为了避免这样的压力,我们就应该多把注意力转向自身之外的人和事,多去关心和帮助自己身边的人。大多数人实际上都没有能够做到这一点,很多人都过着一种"忙、盲、茫"的日子。第一个"忙",就是忙碌的"忙",竖心搁一个"亡"字。这个"忙",说明我们已经如此的忙,以至于我们的心都已经不敏感了,感受不到周围人的需要了。第二个"盲",眼盲,就是看不到周围人的需要了。我们说"爱"这个字,是个感受的"受"中间加一个"心"字,"爱"就是用心地去感受对方的需要。而当一个人每天为了自己的事业而奔忙的时候,周围人的需要都被他忽视了,看不见了。尽管他的事业可能很成功,也赚了很多钱,却难免落得一个妻离子散的结果。为了避免这种"忙、盲、茫"的人生,我们需要把自己的注意力多多转向自身之外的人和事,这样在工作中才能够越走越踏实。

(一) 从修身做起

一份负责之心,会让工作做得尽善尽美,也会让个人享受到工作的乐趣,更是人格上的完善。每一个职位都有其重要作用。身在其位,要认真履行其职,不管工作有多简单,职位有多低,从全局来讲它是其中的重要一环,来不得半点马虎和懈怠,从个人成长来讲,责任心、使命感更胜于能力。《论语》中曰:"不知命,无以为君子;不知礼,无以立也;不知言,无以知人也。"①

(二) 正己化人

我们中国古人所走的人生轨迹是童年的时候要积福,要惜福,中年时要造福,老年时才会享福。在中国传统社会中,孩子从小就要养成一种惜福、积福的意识,懂得"一粥一饭,当思来之不易;半丝半缕,恒念物力维艰"。我们应该学会感恩,学会知恩,这样才不会去随意地浪费。从小养成这种意识,就是惜福,就是在给自己积福。就如唐诗中所描述的,"锄禾日当午,汗滴禾下土。谁知盘中餐,

---

① 杨伯峻.论语译注[M].北京:中华书局,2006:294.

粒粒皆辛苦"。

到了中年的时候,儒家提倡用自己的所学和所能来造福社会,服务人民,所谓"老者安之,朋友信之,少者怀之"。① 而当一个人有这种观念的时候,即使工作再辛苦,也会在心里充满喜悦,因为他能感觉到自己的工作很有意义,生活很充实。

"唯正己可以化人"是说只要自己行得正,有真正的德行,才能有机会去启发别人的善心。所以孔子讲"君子之德风",②真的有君子之风,这个风是指风范、德行,"小人之德草",小人接触了君子,看到了他的风范、德行,就好像风吹过去,草很自然就弯下来,就受教了,"草上之风必偃"③。确实在历史当中,很多留名青史的圣贤,他们在世的时候,人民都以他们为榜样,甚至于都把他们当作自己父母一样看待,这些忠臣去世的时候,老百姓就跟丧了自己的父母一样的悲痛。所以这些圣贤他们是真正名副其实的父母官,以父母的心爱护子民,他的心是大公无私、是正己。所以"正己"是真正成就德行。假如自己没有正,就想教化他人,那就很难达到效果。所以这句话"正己可

---

① 杨伯峻.论语译注[M].北京:中华书局,2006:73.
② 杨伯峻.论语译注[M].北京:中华书局,2006:180.
③ 杨伯峻.论语译注[M].北京:中华书局,2006:180.

以化人",这个也提醒我们另外一个角度,就是教化感化不了人,那就是自己的德行还不够。

孔子讲,"其身正,不令而行"。① 自己真正做得正、做得好,孩子们或者下属,他在生活点滴当中潜移默化受到好的影响,你不命令他,他自己就效法了。为什么? 他有本善。而孔子又讲,"其身不正,虽令不从"。② 我们自己没有做好,还一味地要求他们、指责他们、命令他们,他们心里不服,你自己都不做好,还叫我们做。那就虽然有命令,虽然有很多的规定,但是他们心里也不服,也很难真正照着去做。所以正己可以化人,确实也是知所先后的道理,要先正己,然后能化人。这个"化"是自然而然的,不是刻意的。《史记·李将军列传》曰:"桃李不言,下自成蹊。"桃树、李树它的果实很甜美,自自然然人们就走出一条路来,来采桃李。为人真诚,严于律己,自然会感动别人,自然会受到人们的敬仰,"道之所在,天下归之;德之所在,天下贵之;仁之所在,天下爱之",自然能感召别人向他学习。

(三)境随心转

"境随心转"中的境,不单指环境,更指境遇。意思是

---

① 杨伯峻.论语译注[M].北京:中华书局,2006:188.
② 杨伯峻.论语译注[M].北京:中华书局,2006:188.

一个人所处的环境及境遇会随着心境的转变而转变。"相由心生,境由心转";"境随心转则悦,心随境转则烦"。如果一直保持好的心情,凡事乐观处之。即使遇到生活中的困难也不心生厌戾之气。如被裁员、降职、减薪、感情受挫折、患上疾病都以平静之心面对,以积极的生活态度去对待,很快就会走出困境,反之亦然。如果不珍惜所拥有的事物及人,粗暴地对待,很快好的事物和人也会消失和离开。友善地对待他人,也会得到相应的对待,反之亦然。多做好事、好行、义举,在帮助他人时也可以获得身心的快乐。故而心性有好与不好两面,那么境遇也会随之而改变。

1. 随缘而不攀缘

中国人经常说"有缘千里来相会",这个"缘"用我们现代话的解释就是"条件"的意思。也就是说当条件还没有成熟的时候,我们不要急于求成,我们要等待时机成熟。

少林寺的功夫闻名于天下,而寺里的武僧那令人赞叹的功夫,并非一朝一夕练就的。我们看影视剧时也可以看到一些皮毛。比如那些僧人在挑水时都是用尖底的木桶,只要一上肩,就不能放下,就要直接挑上山,倒入水缸里。而且去挑水时,脚踝上还要裹上沉沉的沙袋。这样一天挑几次水,天天坚持,就能锻炼腿上的力量,日久天长,才能练就飞檐走壁的功夫。完成一件事情就像练功夫一样,是一个潜移默化、逐渐积累的过程,需要通过量的积累最终达到质的飞跃。当各方面的条件都成熟了,事情自然就会完成了。

春生夏长,秋收冬藏,自然生发的过程。做事情也是如此,当这件事的条件还不具备的时候,我们就不要去勉强。如果非要固执地勉强做什么事,就会非常的累。让我们随缘,就是随着这个条件成熟了,最后会水到渠成,顺理成章,这个事情做起来就非常的容易了。"只问耕耘,不问收获""但行好事,莫问前程",这些古训告诉我们,条件成熟的时候一切才会瓜熟蒂落、水到渠成。

因为中国古人明白一个道理,那就是"德者,本也;财者,末也"。这句话真正的含义是说德行是一切事情的根本,而财富是枝叶花果。就像一棵大树枝繁叶茂,其实真正的原因在于它根深蒂固。学植物的人可能都明白,植物的这个枝叶能够延伸到哪里,它下面的根也就必须延伸到哪里。人们虽然看不到根,但是它并非不重要,反而是植物成长最重要的部分。

曾国藩的外孙聂云台先生写的《保富法》记载了清末民初很多富裕家庭后代子孙兴旺发达或是衰败的情形,其中他就举到了曾经写下"苟利国家生死以,岂因祸福避趋

第五章　大学生的事业情怀与个人成长

之"这句名言的林则徐。在禁烟过程中林则徐只要稍微地放松一下,一边禁烟,一边接受一点贿赂,就可以获得上百万两银子的收入。但是林则徐考虑的是当时国家和民族的危亡,他觉得如果不力行戒烟的话,中国人确实要变成东亚病夫了,所以他一路上拒收贿赂、严格戒烟。清政府为了向西方列强求和,不得不答应了他们的要求,把林则徐发配到边疆去充军。

反观当时广东的三家富商,他们在鸦片战争中发了国难财,可以说过着富甲一方的生活。他们住的地方雕梁画栋,吃的是山珍海味,可以说富可敌国。几十年过去了,发现林则徐的后代个个都有成就,而且书香不断,出了很多有才能的人,而这三家富商的后代,没有一家的子弟是成才的,我们才知道其实林则徐才是真正有智慧的人。

如果一个人具有了正确的义利观,就会有所为,有所不为。如果一个企业的成员能有正确的荣辱观,尊道贵德、崇仁尚义,就能由弱小变为强大。

无论一个人还是一个企业,如果没有德行,财富就不能够长久维持。《大学》中曰:"君子先慎乎德。有德此有人,有人此有土,有土此有财,有财此有用。"[1]当一个人自己有德行的时候,他所感召的人才才是好的人才。所以有

---

[1] 王国轩,译注.大学·中庸[M].北京:中华书局,2006:31.

143

德行就会有真正志同道合的人一起奋斗。如果你没有德行,只是很有钱,用钱来挖墙脚,结果这些人才今天是因为钱而来,改天也会因为钱而走,《大学》中记载,诗云:"缗蛮黄鸟,止于丘隅。"子曰:"于止,知其所止,可以人而不如鸟乎?"①人为财死鸟为食亡,不知止是有危险的,人在职场中对于官位与财富的追求随遇而安,可以规避很多风险。《大学》中曰:"为人君,止于仁;为人臣,止于敬;为人子,止于孝;为人父,止于慈;与国人交,止于信。"②

2.谣言止于智者

在职场中,有人在你面前说别人的不是的时候,要特别的小心谨慎,因为这个人说别人的过失,可能是有所企图。

有一首《听谗诗》说明了谗言对人际关系的危害。诗中写道:

"谗言慎莫听,听之祸殃结。

君听臣当诛,父听子当决。骨肉听之绝。

夫妻听之离,兄弟听之别,朋友听之疏。

堂堂八尺躯,莫听三寸舌。

舌上有龙泉,杀人不见血。"

---

① 王国轩,译注.大学·中庸[M].北京:中华书局,2006:11.
② 王国轩,译注.大学·中庸[M].北京:中华书局,2006:11.

"君听臣当诛",也就是说一个领导者,他听到了别人的诬词和谗言,结果可能就在诬词的蒙蔽之下,把忠臣给杀害了。《听谗诗》描述了这些情况:父亲假如听了一些谗言,可能父子关系都会出现障碍,朋友之间听了谗言会疏离,夫妻听了谗言可能就要分离。所以我们对于言语要有判断能力,要相当谨慎,也就是所谓"谣言止于智者",明白"来说是非者,便是是非人",因为一个真正有德行、真心希望我们幸福的人绝对不会故意制造矛盾,影响其在职场的发展。

看人要看根本,要看一个人是否有情义、有恩义、有道义,《孝经》上有这样两句话:"不爱其亲而爱他人者,谓之悖德"。① 也就是说你不爱自己的父母亲,却爱其他的人,这是与性德相违背的;"不敬其亲而敬他人者,谓之悖礼。"不尊敬自己的父母亲,却尊敬别的人,这也是和礼相违背的。连自己父母的恩情都不能够报答,怎么可能真心实意地对待别人呢?《论语》中子贡问孔子:"有一言而可以终身行之者乎?"子曰:"其恕乎! 己所不欲,勿施于人。"②

---

① 胡平生,陈美兰,译注. 孝经[M]. 北京:中华书局,2016:248.
② 杨伯峻. 论语译注[M]. 北京:中华书局,2006:233.

3. 改过之法

春秋时代有些官员们见到别人的说话和动作,就能凭着自己的推测,来评论这个人未来的祸福遭遇,往往很准确。这从《左传》《战国策》这些书里可以看得到。大抵吉凶的预兆虽萌芽在心里,而发现常在于四体。行为敦厚的往往得福,过于刻薄的往往遭祸。但世俗一般人们的眼里多被妄念遮障。他们说,人生的祸福是没有一定的,是测度不准的。要知道,当幸福快要到来,只须观察他的善行就可预知;灾祸将要来临,观察他所作的不善事,也就可以预卜的。现在,我们想要得福而远祸,暂且不论行善,先须决心改过,如何改过呢?

第一要发羞耻心。应思从前的圣贤们,他们为什么百世可师,而我为什么一身瓦裂?这是因为我沾染着尘劳情欲,在私下做了坏事,还认为别人不知道,没有一点惭愧之心。这样下去,必将沦堕于禽兽,而自己还不知道。世间可羞可耻的事是没有比这更大的了!因为知耻则勇于改过;德业日新,成为圣贤;无耻则肆意妄行,人格消失,成为禽兽。所以改过是得福远祸的最切要的一着。

第二要发畏惧心。我的过恶虽在隐微之间,我怎么可以不惧怕呢?不仅是这样,任凭我们居住在什么地方,别人总是看得很清楚的。我虽遮盖得很密,伪装得像样,但是肺肝早已露出,到底难以隐瞒,一经被人看破,我的人格真是不值一文了,怎么能不懔然惧怕呢?不过,只要我们留有一口气,还活着,滔天的罪恶还是可以忏悔改过的。从前有人一生作恶,到了临死的时候,方才悔悟,发了一念善心,就得到安详地善终。这是一念猛厉,足以洗涤百年之恶。譬如千年黑暗的幽谷里,拿灯来一照。那千年的黑暗,立刻就消除了。所以过错不论久近,只是以改为贵。但是世间的一切事物,都是无常的,我们这个身体是容易死亡的,等到一口气不来,再要想改过,就无从悔改了,将永远沉沦在恶道里了。

第三要发勇猛心。人们多是因循退缩,得过且过,不肯发心改过。我们必须奋发振作,不用踌躇、困惑,烦恼等待拖延。小的过失,比如芒刺在身,要很快地把它拔除。大的恶行,要像毒蛇咬住了手指,急速把手指斩除,以免蛇毒入心。《周易》卦上说:"风雷益"①;就是说,雷厉风行,直接痛快地去干,是容易得到效益的。如能具备以上这三种心,那么,有过的能立即改掉了。譬如春天的冰遇到了太阳,是没有不消溶的。实践改过的工夫,有从事上改的,有从理上改的,更有从起心动念处除净的。工夫既然不同,效用也就有别。

---

① 杨天才,译.周易[M].北京:中华书局,2014:174.

什么是从事上改的呢？如前日怒骂别人，今日不发脾气了，这就是事上而改的。但是强制于外，是会感到很困难的；而且病根还在，东灭西生，这不是究竟的好办法。

什么是从理上改的呢？善于改过的人，是在事件还没有发生以前，就先明白了它道理。以前，自己是容易恼怒的，就应该想；人们有不到之处，在情理上是应该加以宽恕的。我们不能自以为是而鄙视了所不及的地方，天下没有自以为是的豪杰，也没有怨恨别人的学问，凡是我所行不通的，都是自己的德行没有修，不能感动他人，这是我自己要加以反省的。

应知听到毁谤而不愤怒的，虽遇到谗焰熏天，也如拿火炬烧虚空，结果必自息。若是闻谤而怒，虽竭尽巧思之分辨，反如春蚕作茧，自取束缚，更增烦恼。所以愤怒不但无益，而且还有害。其他种种过恶，都应该依理分析。其实，一切过恶都是愚蠢的行径，自害的做法，道理明白了，自然不会发生了。

第四，远离虚幻的念头。古时候的一个国王，对他的女儿非常溺爱，她想要任何东西国王都会满足她。一天下午，公主在花园中游玩，看到花瓣上的露珠晶莹剔透，非常漂亮，于是，公主对国王说她想要用露珠做的项链。国王不禁一笑，对公主说："露珠很美，可虚幻易碎，根本做不成

第五章 大学生的事业情怀与个人成长

项链啊!"

公主不答应,哭闹不止。国王实在是想不出办法,于是便召集大臣们到花园商议:"诸位大臣,若有谁可以用露珠为公主做一条项链,我一定重赏。若是你们不能实现公主的愿望,也就别想活命。"此时,一位须发斑白的老者站了出来,他胸有成竹地说:"国王息怒,我能用露珠为公主做项链。不过微臣有个请求,我老眼昏花,已经无法挑出那些均匀饱满的露珠,可不可以让公主亲自挑选,然后我来编织?"公主听后大喜,她马上拿起水瓢,仔细挑选自己满意的露珠。可是挑了半天,公主也无法挑出一颗露珠。因为只要轻轻一碰,那些晶莹剔透的露珠就会迅速破灭,溶入水中。这时,这位老者亲切地对公主说:"虽然露珠很完美,但它瞬间就会破灭。人生中若是总以此类虚幻、易逝的东西为寄托,一定不会有所得。"

虚幻就是虚妄,就是错误。如果一味执着于错误,那么本身的智慧光明之种种功德之相便不能证得。人生有目标、有理想固然是好事,可是如果目标和理想不切实际,往往会将人引入歧途。我们常说面对理想要有不屈不挠的精神,要勇敢追求,坚持不懈,其前提是这个理想是符合实际的,通过努力可以实现的。

不实际的理想会将我们引入不实际的行动,到头来只

大学生诚信与个人成长

能是竹篮打水,一无所获。虚就是假,就是不切实际。露珠看起来很美,但一捧到手里,便化成了水。不切实际的理想就如这露珠一样,其实只是幻影。

4. 如何才能避免虚妄的寄托呢?

第一,尊重事实。事实就是现实,现实是不可否认的,客观的,避开现实妄谈理想都是不切实际的,因而也就是虚妄的。

第二,脚踏实地做事。虚妄产生在虚无缥缈的根基之上,因而在现实中没有落脚的地方。只有脚踏实地地努力,才能使理想之花在地下生根。

第三,真正的力量是自己。一切理想、寄托都只是我们行动的目标和方向,而真正的行动力是我们自己。只有自己从内心里发愿,努力向理想迈进,遇难不畏,困苦不惧,才能正最终实现理想。

在具体的生活实践中养成,在实际的修行过程中养成远大的目标。

一天,弟子们和禅师一起在田里插秧,可是弟子插的秧总是歪歪扭扭,而禅师却插得整整齐齐。弟子们感到很疑惑,就问禅师:"师父,你是怎么把禾苗插得那么直的?"禅师笑着说:"其实很简单。你们在插秧的时候,眼睛要盯着一个东西,这样就能插直了。"

第五章 大学生的事业情怀与个人成长

于是,弟子们卷起裤腿,高高兴兴地插完了一排秧苗,可是这次插的秧苗,竟成了一道弯曲的弧线。这是怎么回事呢?弟子很是不解。于是,禅师问弟子:"你们是否盯住了一样东西?""是呀,我盯住了那边吃草的水牛,那可是一个大目标啊!"弟子们答道。禅师笑着说:"水牛边吃草边走,而你在插秧苗时也跟着水牛移动,这怎么能插直呢?"

弟子们恍然大悟。这次,他们选定了远处的一棵大树。插完一看,插的秧果然都很直。

要盖摩天大楼,要有坚固的根基;要远航汪洋大海,要有地图和罗盘作导航。在修行的道路上,首先要辨明途径,只有认清道路与目标,然后稳步前进,才能修成。人生立世也是一样。无论做什么事,首先要选定目标,有什么样的目标决定着你将要走什么样的道路。

许多人埋头苦干,却不知所为何来,到头来才发现追求成功的阶梯搭错了边,往往为时已晚。因此,我们务必掌握真正的目标,并拟定目标的过程,澄明思虑,凝聚继续向前的力量。那么,生活中如何树立目标呢?

第一,目标要是长期的。没有长期的目标很容易被短暂的挫折所击垮。成功不是一时的,努力也不是一时的,因此需要有长期的目标来支持我们的心智,指引我们朝着这个目标不断地努力下去。

第二,目标要是具体的。有人说:"我将来要做一个伟大的人。"这个目标就不具体,什么是伟大的人呢,怎样做伟大的人呢?没有实践的头绪。太过宽泛的目标不会起到实际作用,这种无效的目标就无从实践,而无法实践就形同虚设。

第三,目标要是远大的。远大的目标常会给人以使命和希望,增加人们实践的动力。这样你才会有一股无论顺境逆境都勇往直前的冲劲。

5. 做事情的方法

今天的社会,每个人都渴望快速成功,所以很多人都产生了投机取巧的浮躁心理,结果常常是欲速则不达。其实成功有其既定的轨道,就像地球也有其运行轨道一样。那么,什么样的做事方法契合成功的轨道呢?

首先,我们必须设定做事情的目标,这个目标帮助你确立人生在某一段时间内的运行轨道。一旦目标确立,你的全部生活都会围绕着目标运行。要随便改变自己设定的目标,否则生活将会陷入混乱之中。一个朋友做了十年生意,别人做什么,他就跟着做什么,最后什么也没有做成。后来他总结经验教训,开了一个工厂,一心一意做指甲钳,几年后就成了中国生产指甲钳的大王,年产值达到了几个亿。

第五章 大学生的事业情怀与个人成长

其次,做事情要有耐心,慢工出细活,不要急于求成。一个理想可以分成无数阶段去实现。"罗马不是一天建成的",把无数的小目标完成了,积累起来就变成了大事业。《周易》中有一卦叫"渐"①,是上上卦,说:物有变迁,徐而不速,循序渐进,建立功业,辅正国家。所以,只要看准了目标,一步一个脚印,就一定会有成就的那一天。

第三,做事情要分成两种方法。一鼓作气做事情和长期坚忍不拔做事情。凡是在一段时间内把一件事情做完后不需要再重新做的,就应该一鼓作气把它完成。比如考试,如果一旦考过去就不用再考了,就应该在一段时间内拼命考好。但有些事情是需要一辈子认认真真去做的,就应该长期一点点做,每天不断地做。比如一个人思想和智慧的提高,是不断经历人生痛苦和挑战的结果,必须每天思考,每天进步,绝不是读完某一本有关智慧的书就能立刻变成有智慧的人。

第四,尽可能地把时间和精力集中到你认为最重要的事情上去。人一辈子有两件大事要做:一是尽量去享受生命的美好;二是成就一番事业,获得做人的尊严。我们要尽可能地集中时间和精力来实现这两个目标,千万不要把时间花在和无聊的人侃大山,或者漫无目的地上网聊天

---

① 杨天才,译.周易[M].北京:中华书局,2014:218.

上。凡是我们认真做的事情,都是能让我们有所进步的事情。当然,在努力之余,和朋友一起喝杯啤酒、打打牌,或者背上旅行包自由自在地旅行几天,也是生活中无上的乐事,只要不沉溺其中不能自拔就行了。

　　成功是成功者的纪念碑,失败是失败者的墓志铭。在任何成功者的纪念碑上,写上的文字是大致相同的。套用托尔斯泰的话来说:成功的人都是相似的,而失败者则各有各的原因。在你的纪念碑上,你准备写上什么文字呢?志存高远,常以无我的大智慧发心。因此,我们在生活中也要心胸广大、目标远大、目的高尚,才能成就我们的人生。因为有了信任,才会有亲情、友情与爱情的存在;因为有了信任,才有了和谐的社会。相信这个世界,从根本上说,是因为我们相信自己。相信有伟大的、不可言说的力量,一个完全信任自己的人,没有任何人能够伤害他,即使可以夺走他的财富,夺走他的爱人,使他痛苦、使他受伤。他依然会爱别人,爱这个世界,生活得安,最后让所有的不信任、所有的欺骗烟消云散。

结束语 一切源于爱

结束语 一切源于爱

在中国人的传统观念中,高官厚禄、飞黄腾达是成功的标志。一些人工作中不断聚敛财富,但迷失了自我价值;掌握了谋生的手段,却找不到生活的真谛;付出了青春年华,却不曾将生命倾注其中。在利益的驱动下,劳碌奔波,毫无快乐可言。人有了内心愉悦的体验,才会有幸福感,成功的标志之一是心灵安宁。选择你所爱的,爱你所选择的,无怨无悔。选择你所爱的职业,以追求爱情的勇气来实现目标,如果达不到,退而求其次,爱你所选择的职业,让它因为你的存在而精彩,一切源于爱,爱是智慧的最高境界。

在现代社会,真正的成功应该是多元化的,符合个人主观意愿,同时符合社会良知,成功可能是创造了新的财富或技术,可能是有一个美满幸福的家庭,每个人对成功有着不同的解读。如何降伏一颗躁动的心,不同的人有不同的生命轨迹来磨砺心态;心态平和了,生存的环境就和谐了,幸福就来到了。

普通人创业,伟人们进行建党伟业、建国大业,哲人们创立宗教,生命如何过得有意义和有价值。老子提出了"七善"的原则,即"居善地,心善渊,与善仁,言善信,政善治,事善能,动善时"。夫唯不争,故无尤。意思是说,居住的地方要自然祥和,没有世俗的纷争之地;心理状态要稳重祥和,深思熟虑;与人相处要友爱无私,仁慈宽厚;对人说话要真诚,讲究信用;为政之事要光明正大,宽严并济;办事时要扬长避短,充分发挥自己的优势;行动时要选择好时机,坚定而果断。当人拥有爱的能力,就能坦然面对生活中发生的一切,表现出从容淡定与亲情大爱。

每一个追求个人成长的大学生,要考虑社会中的现实因素,做力所能及的事,在工作中改过迁善完善自己的人格修养。人有时需要终其一生的时间来明白一个道理,活着的意义就是奉献。我们把自己生命中最美好的年华奉献给生活提供的炫目舞台,生命才折射出耀眼的光芒。"为天地立心、为生民立命、为往圣继绝学、为万世开太平。"这是中国读书人几千年来梦寐以求的人生理想的最高境界。

参考文献

[1]郭彧,译注.周易[M].北京:中华书局,2006.

[2]陈秉才,译注.韩非子[M].北京:中华书局,2007.

[3]杨伯峻.论语译注[M].北京:中华书局,2006.

[4]黎翔凤.管子校注[M].北京:中华书局,2004.

[5]朱熹.四书章句集注[M].北京:中华书局,1983.

[6]黎靖德,编.朱子语类[M].王星贤,点校.北京:中华书局,1986.

[7]张载.张载集[M].章锡琛,点校.北京:中华书局,1978.

[8]程颢,程颐.二程集[M].王孝鱼,点校.北京:中华书局,1981.

[9]王守仁.王阳明全集[M].吴光,董平,编校.上海:上海古籍出版社,1992.

[10]陈淳.北溪字义[M].熊国桢,高流水,点校.北京:中华书局,2009.

[11]王先谦.荀子集解[M].沈啸寰,王星贤,点校.北京:中华书局,1988.

[12]郭彧,译注.周易[M].北京:中华书局,2006.

[13]柏拉图.理想国[M].郭斌和,张竹明,译.北京:商务印书馆,2002.

[14]弗洛姆.为自己的人[M].孙依依,译.北京:生活·读书·新知三联书店,1988.

[15]兰德曼.哲学人类学[M].张乐天,译.上海:上海译文出版社,1988.

[16]埃里奥特·阿伦森.社会性动物[M].郑日昌,等,译.北京:新华出版社,2001.

[17]桑代克.教育心理学概论[M].陆志韦,译.北京:商务印书馆,1926.

[18]N.帕帕斯.柏拉图与《理想国》[M].朱清华,译.桂林:广西师范大学出版社,2007.

[19]罗素.西方哲学史:上卷[M].何兆武,李约瑟,马元德,译.北京:商务印书馆,1982.

[20]亚当·斯密.国富论:下卷[M].郭大力,王亚南,译.北京:商务印书馆,1971.

[21]冯友兰.三松堂自序[M].北京:人民出版社,2008.

[22]张岱年.中国伦理思想研究[M].上海:上海人民出版社,1989.

[23]张岱年.中国哲学大纲[M].北京:中国社会科学出版社,1982.

[24]梁漱溟.东西文化及其哲学[M].上海:上海人民出版社,2006.

[25]罗国杰,宋希仁.西方伦理思想史[M].北京:中国人民大学出版社,1985.

[26]罗国杰.以德治国与公民道德建设[M].郑州:河南人民出版社,2003.

[27]陈瑛,等.中国伦理思想史[M].贵阳:贵州人民出版社,1985.

[28]王公山.先秦儒家诚信思想研究[M].上海:上海古籍出版社,2006.

[29]宋希仁.社会伦理学[M].太原:山西教育出版社,2007.

[30]高兆明.社会失范论[M].南京:江苏人民出版社,2000.

[31]北京大学哲学系.十八世纪法国哲学[M].北京:商务印书馆,1963.

[32]何怀宏.良心论[M].北京:北京大学出版社,

2009.

[33]李建华.德性与德心[M].北京:教育科学出版社,2000.

[34]姚介厚.西方哲学史·古代希腊与罗马哲学·第2卷·下[M].南京:江苏人民出版社,2004.

[35]周晓虹.现代心理学[M].上海:上海人民出版社,1997.

[36]阎力.当代社会心理学[M].上海:华东师范大学出版社,2009.

[37]郭本禹.道德认知发展与道德教育:科尔伯格的理论与实践[M].福州:福建人民出版社,1999.

[38]李建明.社会心理学[M].北京:人民卫生出版社,2007.

[39]章志光,等.社会心理学[M].北京:人民教育出版社,2008.

后　　记

此书是东北石油大学培育基金项目"和谐社会中诚信问题对策研究"的延伸课题。

从2015年底至今的三年里,我的生活发生了很多变故,先是母亲去世,随后公公婆婆相继罹患癌症,小姑子意外身亡。我的工作也发生了调动,先后承担了五十余次个人成长团体辅导,生命中的许多问题引发我的思考,学生们的成长给了我前进的动力;面对生活的难题,坦诚地接受现实,人的成长才能永不停止。

感谢与我一起工作的同行,特别感谢艺术学院程显波院长,林庆华副院长、黄鹏程副院长对我工作的支持!

我也要深深感谢黑龙江教育出版社对本书出版的大力支持,特别是本书的责任编辑徐永进主任所付出的辛勤劳动!

感谢东北石油大学学生工作部历玉英部长、党政办公室张亚志主任、心理健康中心主任许丽伟老师对我的信任，为我提供宽松的学术氛围，为我工作提供诸多方便，在此一并感谢！

感谢我的丈夫郭秋枫先生鼎力支持！

由于本人水平有限，疏漏在所难免，希望专家、同行批评指正。